忘れない、許さない！

安倍政権の事件・疑惑総決算とその終焉

「政治とカネ」スペシャリスト
上脇博之

かもがわ出版

はじめに

安倍晋三内閣総理大臣は8月28日夕の記者会見において辞任を表明しました。本書は、安倍政権の事件・疑惑を総決算し、その政治的体質を明らかにして、日本の政治社会の転換を願って緊急出版しました。是非ともご一読いただき、政治を変える実践に役立てていただければ幸いです。

自民党の安倍晋三衆議院議員は、２００５年10月末の第三次小泉純一郎改造内閣（自公連立内閣）で内閣官房長官として初入閣しました。小泉首相が退陣し内閣総理大臣（総理、首相）に就任したのは２００６年９月26日。しかし、体調不良などで第一次安倍政権はわずか1年で終わりました（２００７年８月27日）。その後、２００９年８月末の衆議院総選挙の結果、自民党は下野し、民主党中心の連立政権が誕生しましたが、安倍議員は、２０１２年９月の自民党総裁選で再び総裁となり同年12月の衆議院総選挙で自公両党が勝利し再び首相の座に就きました（同月26日第二次安倍内閣発足）。第三次安倍内閣は２年後の２０１４年12月に発足し、第四次安倍内閣は２０１７年11月に発足しました。

第二次安倍政権発足以降の安倍首相の連続在職日数は昨２０１９年11月19日時点で２５２０日。第一次政権を含む安倍首相の通算在職日数は同日で２８８７日となり、桂太郎氏を抜き単独で憲政史上最長となりました。その後、連続在任日数でも今年８月24日大叔父である佐藤栄作氏の最長記録を更新しました。

しかし、それは過半数の投票を得た結果ではなく、国民の信頼に基づく結果でもありません。民意を歪曲し過剰代表を生み出す「小選挙区効果」のお陰にすぎません。自公与党が衆議院で「3分の2」の議席を有していますので、安倍内閣の支持率は66％程度あってもいいはずですが、40％以下でした。

第二次安倍政権以降、正常な民主主義国家では起こりえない異常な事件・疑惑・不祥事が多数発覚してきました。従来の自民党政権と比較しても極めて異常な事件等であり、かつ、従来の保守政治・行政とは明らかに異質で極めて異常です。にもかかわらず、安倍首相らは適切な責任をとらず無責任状態を続けており、最長の在職日数は安倍首相が政権の座にしがみついた結果にすぎません。

２０１７年1月以降、財務省が「森友学園」に対し国有地を超破格で売り払っていたことがマスコミで報道され始めました。同学園の開校予定の小学校の名誉校長は、なんと安倍首相の妻・昭恵氏！

私は、「国有地低額譲渡の真相解明を求める弁護士・研究者の会」（代表：阪口徳雄弁護士、後に共同代表・菅野園子弁護士）に参加し、財務省の「森友学園」事件における真相を解明するために情報公開に基づく情報公開訴訟を提起しましたし、検察庁への刑事告発や検察審査会への審査申立も行いました。

また、私を含む研究者は、昨２０１９年11月には前法務大臣・河井克行議員・案里議員夫妻「買収」事件の刑事告発を広島地検に行い、今年1月には安倍首相主催の「桜を見る会」事件を刑事告発するために告発状を東京地検に提出しました。さらに、私は「『桜を見る会』を追及する法律家の会」に参加し、ことし5月には全国の弁護士・法律家とともに安倍晋三後援会主催の「前夜祭」を刑事告発するため告発状を東京地検に提出しました。

これらの事件などは、安倍自民党・安倍政権の政治的体質に起因しています。

安倍首相が辞任しても自公政権は続きます。私たち主権者は、今後も、その異常な事件・疑惑・不祥事・問題を忘れず、許してはなりません。そして、それらの原因が、財界政党である上に保守から右へ右へと旋回した安倍自民党政権の政治的体質であったことを忘れず、次の衆議院総選挙で、それらの事件や体質を許さないという審判を下す必要があります。

本書では、具体的に、まず、財務省の学校法人「森友学園」国有地財政法違反売払い事件・公文書改竄・廃棄事件を素材にして安倍政権の「お友達」行政と公文書改竄・廃棄の問題を明らかにします（第1章）。また、「桜を見る会」背任事件・招待者名簿廃棄事件および「前夜祭」政治資金規正法違反・公職選挙法違反事件を素材にして安倍首相の公金の私物化と裏金の問題を（第2章）、前法務大臣河井克行・案里議員夫妻「買収」1億5000万円事件を素材にして自民党本部主導選挙と使途不明金の問題を（第3章）、黒川弘務東京高等検察庁検事長違法定年延長閣議決定問題を素材にして政治的な検察官人事の問題を（第4章）、それぞれ明らかにします。

第1章から第3章では、私を含む法律家・弁護士が以上の各事件等における真相解明と責任追及に向けた刑事告発や訴訟提起を行い、闘った成果、現在進行形の奮闘ぶりを紹介します。

第5章では、1994年の「政治改革」以降自民党が財界政党としての性格をより鮮明し、安倍政権では、さらに保守から右旋回し変質した中で、異常な政治的体質を有するようになっていることを明らかにします。具体的には、安倍政権が説明責任を放棄する隠蔽体質であること、立憲主義と民意を平気で蹂躙していること、議会制民主主義を否定する官邸主導政治であること、維新と政治的共犯関係にあること、安倍改憲が官邸主導の性格があること、安倍首相らが違法行為を行う根本原因には保守層の自民党離れがあることを指摘します。それにより安倍自民党政権の「強さ」と弱さを浮き彫りにします。

そして最後に、安倍政権の新型コロナ禍への対応が主権者国民置き去りであることが国民に安倍政権の本質を知らしめていることを指摘し、安倍政権による政治・行政を終焉させる国民の審判が必要であり、次期衆議院総選挙で「政治を変える」投票が行われれば野党連合政権の誕生が十分可能であると訴えます(終章)。

昨2019年の参議院通常選挙での有権者は1億人超で、棄権した有権者は5400万人を超えます。棄権者のお陰もあって安倍首相は在職日数記録を更新し続けました。安倍首相が辞任しても自公政権が続く限り、その体質は続くでしょう。これまで棄権した有権者の多くが主権者として諦めることなく〝真に主権者のための政治〟へと変える投票を行えば、政治は確実に変わります。

なお、本書の本文は、安倍首相の辞任表明前のものです。

忘れない、許さない！

安倍政権の事件・疑惑総決算とその終焉

◆ もくじ ◆

はじめに……1

装丁　　上野かおる

第1章

「お友達」行政と公文書改竄・廃棄

～財務省の「森友学園」事件～

第1節　安倍晋三首相夫妻ら政治家案件

(1)「森友学園」初代理事長の小学校設置の悲願

今から70年前の1950年4月1日、大阪市淀川区塚本1丁目に「私立学校法人初の幼稚園」が開設されました。その幼稚園とは、保育園を開設していた学校法人「森友学園」の経営する「塚本幼稚園」。同学園の理事長は1926年生まれの森友寛氏でした(「学校法人塚本幼稚園幼児教育学園の「沿革」)。

塚本幼稚園は1953年に大阪府の認可を受け、森友寛氏は同幼稚園の園長に就任しました。同氏は、55年に「大阪府私立幼稚園連盟」理事、59年に「日本私立幼稚園連盟」理事、73年に「全国学校法人幼稚園連合会」常人理事に就任し、77年には「新清和台幼稚園」(兵庫県川西市より招請あり)設立理事長・園長、82年には「南港さくら幼稚園」(大阪市住之江区)設立理事長・園長となり、87年には社会福祉法人「ポートタウン福祉会ポートタウン保育園」(大阪市民生局より招請)設立・理事長に就任しました。そして90年には「藍綬褒章」を受賞しているのです。森友寛氏は、「小学校を開設したい」と念願していました。

しかし、以上の華麗な経歴を有していたにもかかわらず、その願いも叶わないまま1995年1月7日に死去しました(同年、「正六位勲五等双光旭日賞」を受賞)。

森友学園の教育講演会

2008年1月26日	昇地三郎 講演会「102歳児世界一周講演旅行」
2008年6月22日	米長邦雄講演会「歴史と伝統、そして幸せの原点は家庭にあり」
2008年7月12日	鴻池祥肇（参議院議員）講演会（『教育再生地方議員百人と市民の会』第 10 回定期総会）
2008年11月15日	中山成彬（衆議院議員）講演会「日教組の影と功罪」
2009年5月9日	田母神俊雄講演会「国防理念なき日本民族の将来」
2009年5月26日	松浦光修講演会「現代の教育と皇室」
2009年6月14日	村上和雄講演会「喜びや感動が可能性を引き出す」
2010年6月26日	藤尾秀昭講演会「藤尾秀昭 出会いの人間学」
2011年5月7日	竹田恒泰講演会「日本はなぜ世界で一番人気があるのか
2011年6月19日	古庄幸一講演会
2011年11月3日	櫻井よしこ講演会「日本よ、勁《つよ》き国となれ」

大阪府の小学校設置基準緩和後の教育講演会

2012年5月12日	中西輝政講演会「どうすれば、日本を良い国にできるのか」
2012年10月27日	渡部昇一講演会「修身について」
2013年5月25日	竹田恒泰講演会「私の憲法論」
2013年6月22日	青山繁晴講演会「日本の出番をつくる」
2014年4月26日	曽野綾子講演会「人間を造るもの」
2016年6月11日	比叡山 大阿闍梨 藤波源信講演会「日常生活と仏教修行～現代の状況・人と人のつながり～」
2016年11月19日	百田尚樹講演会「日本危うし。将来を担う子供達の時代を見据えて～現代日本にとって危うく足りないものとは～」

（2）悲願を受け継いだ籠池新理事長の下で教育講演会の連続開催

新理事長に就任し小学校開設の悲願を引き継いだのは、森友学園の副理事長だった籠池康博氏でした（のちに「籠池泰典」あるいは「籠池靖憲」と名乗る）。

「大阪市の私立塚本幼稚園（淀川区、約230人）と私立南港さくら幼稚園（住之江区、約180人）」は「年長組の園児約120人に、教育勅語を暗唱させて」いました。2006年、園側は東京新聞の取材に対し「幼児期から愛国心、公共心、道徳心をはぐくむためにも教育勅語の精神が必要と確信している」と説明し、籠池理事長は、「戦争にいざなった負の側面を際立たせ、正しい側面から目をそむけさせることには疑問を感じる」などと語っていました（東京新聞「教育勅語幼稚園で暗唱　大阪の2園　戸惑う保護者も　園長『愛国心はぐくむ』」2006年7月2日）。

「教育勅語」を園児に暗唱させるなどの教育をしてきた籠池理事長は、安倍政権による教育基本法「改正」（2006年12月）を見て、森友学園の悲願であった小学校新設が可能になると考え、それに向けて新たな動きを開始するのです。

森友学園の新たな動きの一つは、2008年から、タカ派の国会議員らを含む超保守の論客・政治家による教育講演会を幼稚園で開始したことです。2012年4月1日に大阪府（松井一郎知事）が小学校の設置基準を緩和するまでの間に、少なくとも11回の教育講演会を開催していました（前頁参照）。

さらに大阪府の小学校の設置基準緩和後も籠池理事長は教育講演会を続けたのです（同前）。

（3）鴻池祥肇・自民党参議院議員側等への「政治力」発揮の陳情

森友学園による新たな動きの2つめは、小学校新設に向け行政への「政治力」を発揮してもらうために、自民や維新の国会議員らへの個々・具体的な陳情を開始したことです。そのうちの主要な政治家の一人が、当時の鴻池祥肇・自民党参議院議員（2018年12月死去）への陳情でした。

2008年7月12日、森友学園では「体罰は必要に決まってまんがな」と語る鴻池祥肇参議院議員・元防災大臣の講演会（『教育再生地方議員百人と市民の会』第10回定期総会）が開催されました。鴻池元大臣は、麻生太郎衆議院議員の派閥の政治団体「為公会」の副会長を務める重鎮。それゆえ、「次期総理に最も近いのが麻生太郎氏。その麻生氏にもっとも近いのが鴻池氏。しかるべき日には党で幹事長、または内閣で文部大臣。かなり可能性がある話だとおもいます。」（講演会の案内資料）ということで、鴻池講演が企画されました。鴻池元大臣はこの講演会で「園児たちの教育勅語の斉唱を見て泣きそうになった。ここの卒業生、出来たら孫のお嫁さんかお婿さんにお願いしたいと思います」と述べ、塚本幼稚園の教育方針を大絶賛したのです。

この講演の2か月余り後に麻生太郎内閣が発足しました（２００８年9月24日）。

２０１２年12月26日、下野していた自民党は政権に復帰し、第二次安倍晋三内閣が発足し、財務大臣には麻生太郎元首相が任命されました。

翌２０１３年6月28日、籠池理事長らが近畿財務局を訪問。統括国有財産管理官・松本統括、三好上席らから説明を受けた際、「取得等要望時　説明用メモ」の中の「取得等方法」の項目には「学校の場合は、『購入（時価）』のみ」と明記されていました。そこで、同年8月5日、籠池理事長は鴻池祥肇・自民党参議院議員事務所に最初の要請をしました。具体的には、国有地の処分は「『購入』のみ」とする近畿財務局に対し「借地契約して8年後に購入」にしたいと要請したのです（鴻池祥肇自民党参議院議員事務所の「陳情整理報告書」）。籠池理事長はそれ以降２０１６年3月まで全25回要請等を行っていました。

そのうちの幾つかの陳情内容を紹介しましょう（以下はすべて鴻池祥肇自民党参議院議員事務所の「陳情整理報告書」から）。

２０１３年9月13日、籠池理事長の話によると、前日（9月12日）、「大阪府庁へ近畿財務局（国有財産管理官）が来て、小学校設立認可（私学審議会、年1回の認可）のおスミ付きが必要」と説明し、「大阪府は土地賃借の決定が必要」と説明した。これは「ニワトリとタマゴの話」で、「何とかしてや」と要請した。同日、近畿財務局課長補佐から鴻池祥肇自民党参議院議員事務所に、「上司にヨロシクと申し入れした、と籠池理事長に言うてください。9月12日は、大阪府担当部署との顔合わせ的ニュアンス。ある意味、ニワトリタマゴの話ですが、前向きにやっていきますから」と回答があった。

同年10月12日、籠池氏夫妻が鴻池祥肇自民党参議院議員事務所に来訪し、鴻池議員が同席したところで、「小学校用地の件につき、4〜5日前は、近畿財務局と大阪航空局職員数名と共に、現地視察し、その際、事務方の判断できる事ではないというニュアンスを感じた」ので、「上から政治力で早く結論が得られるようにお願いしたい。土地価格の評価額を低くしてもらいたい」と依頼した。

翌2014年1月31日、籠池理事長は鴻池祥肇自民党参議院議員事務所に対し、「小学校用地の件につき「近畿財務局と前向きに交渉中。賃料および購入額で予算オーバー。賃料年間3500万円を2500万円に。5月に契約。売却予定額15億円を7〜8億円に、が希望」と報告及び希望を伝えた。

なお、「塚本幼稚園幼児教育学園」（籠池泰典）は、鴻池祥肇参議院議員が代表の「自由民主党兵庫県参議院選挙区第二支部」に対し、2014年1月3日に10万円を、翌2015年1月5日に10万円を、それぞれ寄付していました。

（4）安倍首相夫妻への接近と安倍首相夫妻の「政治力」発揮

2009年6月頃、中国の古典「四書五経」などを読み上げる「素読を普及させるために「鈴蘭会」が誕生しました。同会は、安倍晋三氏の妻・安倍昭恵氏が当初から名誉会長を務めており、2014年末には「大学―素読―」のテキスト200冊を計10万円で森友学園に販売していました。翌2015年9月に安倍昭恵氏が塚本幼稚園を訪ねた際に、園児達が「大学」を暗唱していたとFacebookに記載。「鈴蘭会」はこのときの暗唱に、同会の教材が使われていたと説明していました。

2012年9月16日、元首相の安倍晋三衆議院議員が森友学園の塚本幼稚園で講演する予定でした。しかし、同年夏、安倍元首相は、籠池理事長の長男・佳茂氏（大学卒業後東京に行き、山谷えり子参議院議員のかばん持ちを半年ほどしていた）に対し、講演キャンセルのお詫びの電話をしました。その際、佳茂氏は、父・理事長の電話番号を安倍元首相に伝えたそうです。

9月5日、「安倍晋三総理大臣を求める民間人有志の会」（代表・三宅久之）が緊急声明を発表。同月12日、安倍元首相は、谷垣総裁の任期満了に伴って行われる自由民主党総裁選挙への出馬を表明しました。同月17日、自民党総裁選挙の遊説が19時から大阪（難波・髙島屋前）で行われた後、安倍元首相は、リーガロイヤルホテルのロビーで待っていた、籠池理事長の長男・佳茂氏と会ったそうです。佳茂氏は「籠池です。父の名代としてきました。くれぐれもよろしく伝えてくれと言われています。応援しています」と挨拶し父の名刺を差し出したのです（「週刊ポスト」2017年3月17日号）。

同9月26日、自民党総裁選挙で安倍元首相が総裁に選任され、再び「安倍自民党」が誕生しました。同年12月16日に衆議院議員総選挙の投開票が行われ、同月26日、自民党は政権に復帰し、第二次安倍晋三内閣（自公連立政権）が発足し、財務大臣には麻生太郎元首相を任命しました。

籠池理事長が2017年4月28日午前、民進党プロジェクトチーム（PT）の開いたヒアリングに出席し、国有地払い下げをめぐる学園側と国との交渉状況について説明したところによると、「瑞穂の国記念小学院の建設構想が具体的に走り出した直後の平成24年10月ごろ」、「まず真っ先にこの構想についてご相談申し上げたのは尊敬する安倍晋三首相のご夫人、昭恵先生だった。当時安倍晋三先生は自民党総裁に返り咲く前だったので、安倍先生を応援するためにもぜひ当園にお越しいただき、ご講演をいただければと思い、安倍先生サイドと接触を図ったところ、昭恵夫人とお会いすることができて、その際、安倍先生のご講演の依頼をすると同時に小学校建設構想についてもお話申し上げた。」「その後、平成25年9月に財務省に対し安倍晋三記念小学校として土地所得要望書を提出するまでにも、昭恵夫人にも小学校建設プロジェクトの進捗については適時報告している。」

2014年3月14日、森友学園の籠池夫妻と都内のホテルオークラで対面し、教育勅語、歴史観のほか小学校を建設する計画についても報告を受け、昭恵氏は「主人に伝えます。何かすることはありますか」と協力する考えを伝えました（「森友問題の幕引きを許すな！　籠池氏が『昭恵夫人に交渉経緯を適時報告していた』と証言！　昭恵夫人は『主人に伝えます』と」LITERA 2017年4月28日8時19分）。

翌4月25日、安倍首相の妻・昭恵氏が森友学園を訪問し初めて講演しました。安倍首相が自民党総裁選に立候補するため講演をキャンセルしたので、昭恵氏は、その代役だったのでしょう。3日後の同月28日、籠池理事長は財務省に、昭恵夫人の「いい土地ですから前に進めてください」との発言を伝えました。

1か月余り後の6月2日、近畿財務局は、「学校の場合は、『購入（時価）』のみ」のはずなのに、森友学園に対し「売払いを前提とした貸付けについては協力させていただく旨を回答」したのです。私が情報の開示を受けた、近畿財務局の三好泰介氏の9月1日夕の局内宛てメールを読んでも、森友学園のために短期賃貸借（貸付期間3年）を利用した処理案を検討するよう財務本省理財局から指示を受けていたことがわかります。この時期は森友学園が大阪府へ小学校開設認可を申請する前の時期です。

安倍内閣は、11月21日に衆議院を解散し、２０１４年衆議院総選挙は翌12月2日に公示され、同月14日に投開票が行われましたが、なんと、その選挙運動期間中の12月6日、安倍昭恵氏は森友学園を訪問し２回目の講演を行ったのです。演題は「ファーストレディとして思うこと」。「数日間びっしりスケジュール詰まっていたけど、全てキャンセルさせていただきました」と発言しました。

同月17日、近畿財務局は「今後の手続きについて（説明資料）」を森友学園（籠池理事長）側に提示。その冒頭には「平成26年12月17日時点における今後の手続き（予定）の説明資料です」と書かれてあり、近畿財務局は、小学校建設予定地として豊中の土地を入手しようとしていた森友学園に対し、「この後、どんな手続きが必要か？」を、懇切丁寧に説明。説明内容は、土地取得要望書の提出から始まり、国有財産近畿地方審議会が２０１５年（平成27年）2月に開催される予定であること、財務局と航空局による現地確認のスケジュール感、有益費に関す事項、定借後の定期報告のあり様など、微に入り細にわたっており、かつまた、網羅的。さらには、貸付契約の話だけでなく、最終的に売買契約に至る道筋まで、すべて、完全に説明しきっており、近畿財務局は森友学園に「もっとも手早く土地を入手する方法」を手取り足取り親切丁寧に教えていたのです。

翌２０１５年1月8日、財務省近畿財務局管財部2名が大阪府を訪問し、大阪府私学・大学課が森友学園について協議し、府側が「いつ（設置認可の）答申が得られるかわからない」と話すと近畿財務局からは「ある程度事務局でコントロールできるのでは」などと求められた。大阪府職員が「大阪府のスケジュールまで口出しするのは失礼ではないか」と不快感を示すと、財務局側が「無理を承知でお願いしている」と返答。

翌2月10日、近畿財務局から「森友学園」への国有地払い下げにつき審査を委ねられた第123回国有財産近畿地方審議会で、近畿財務局は、学園側から校舎の建設など多額の資金を要するため学校経営が安定するまで、土地購入ではなく借地にしたいと要望があったことを説明。当面10年間は事業用定期借地として土地を貸し、小学校の経営が軌道に乗った後、おおむね8年後をめどに、時価で土地を売却するという案が提示され、これは了承され、「適当」と答申されました。ただし、「基本財産が小さくて（中略）寄付金で建物をつくる。十数億円はかかる。継続ができるのか」と同学園の財務状況への批判が集中し、近畿財務局側も「大阪府と協調して、森友学園の経営状況を見ていく必要がある」と回答するなど、財務面の不安を認めていました。審議会のある委員は「森友学園は小学校の運営が初めてでもあり、資金的に大丈夫かと感じた」と証言しています。

４月、近畿財務局は鑑定士に、土地はもと池沼・軟弱地盤で改良工事を必要とする「価格調査報告書」を作成させ、年間賃料は約３６００万円へ減額査定。

翌５月29日、近畿財務局（契約担当官近畿財務局富永哲夫）と森友学園が10年（貸付期間２０１５年６月８日から２０２５年６月７日まで）の定期借地権契約。同日付「国有財産補償付合意書（賃料月額２２７万５０００円。その後購入まで年額２７３０万円支払い。森友学園が２０２５年６月７日までに「時価」で購入する）。森友学園が国に賃借料の保証金として２７３０万円を納付。この時の不動産鑑定書ではゴミ処理費用見積もりは７０００万円。

9月3日、安倍首相は、午後2時17分から27分、財務省の岡本薫明官房長、迫田英典理財局長と面談。

翌4日10時から正午まで、近畿財務局の9階で森友学園の小学校建設工事を請け負った設計会社所長、建設会社所長が近畿財務局の統括管理官、大阪航空局調査係と会合を行い、業者側が処分費用の参考単価を示したところ、近畿財務局側は「金額をそんなにかけることは考えていない」として契約外の産廃をそのままにしておくよう求めたのです。

翌5日、安倍昭恵氏は森友学園の塚本幼稚園で3回目の講演をし次のように発言しました。

「実は昨日、あのぉ主人は『ミヤネ屋』という番組と『そこまで言って委員会』というのを、そちらは収録ですけれども、そのために大阪に来ておりました。まぁ時間があればですね、ぜひこちらにも寄らせて頂きたいというふうに言っていたんですけれど、残念ながらトンボ返りですぐ東京に戻りましたけれども、こちらの教育方針が大変、主人も素晴らしいというふうに思っていて、先生からは『安倍晋三記念小学校』に、という名前にしたいというふうに当初は言って頂いていたんですけれども、主人が『総理大臣というのは、いつもいつも良いわけでは なくて、時には批判に晒されることもある』と、『その時に、自分の学校の名前が『安倍晋三』という名前が付いていると、もしかすると、色んなところからその名前によっていじめにあったりすることがあるかもしれないし、色んなことで学校側も『なんで今この名前を付けたのか？　というふうに責められるかもしれないので、もしお名前を付けて頂けるのであれば、総理大臣を辞めてからにして頂きたい』ということで、そして、それをご理解頂いて籠池園長が『瑞穂の国記念小学院』という本当に素晴らしいお名前を付けられました。」

籠池理事長は、昭恵氏が「瑞穂の国記念小学院」の名誉校長を引き受けたことを参加者に報告。また、同日、昭恵氏を通じて安倍首相は小学校建設のために100万円の寄付をしたそうで、翌週（2015年9月7日）、森友学園はその100万円を森友学園の郵便口座に振り込んだそうです（籠池理事長の国会証言）。

また、翌10月、籠池理事長が昭恵夫人に対し留守電に「お願い」を残したところ、お付きの官邸職員（谷氏）は籠池理事長に「（首相夫人に）お電話いただいた件ですが」「こちらに文書を送ってください」と電話しました。籠池夫人（副理事長）は、当該官邸職員に対し封書（要望）を送付しました（同月26日）が、50年以上の定期借地や工事費の立て替え払いの返還などのほか、「早い時期に買い取る」ことについて要望したのです。すると、安倍昭恵夫人付き官邸職員（谷査恵子）は、財務省本省に問い合わせをし、田村嘉啓国有財産審理室長から回答を得て、安倍昭恵夫人にも報告し、翌11月17日、籠池理事長にFAXで回答を送信しました。それによると、「50年定借は対象を学校に拡大することを検討していない。工事費については一般に工事終了時に清算払いが基本であるが、森友と国交省航空局との間で予算措置がつき次第返金する旨の了解であったと承知。平成27年度で予算化できなかったため平成28年度での予算措置を行う方向で検討中」と回答していました。

（5）「新たな地下埋蔵物を発見」後

翌2016年3月11日、臨時の大阪府私学審議会が非公開で開催。同日、森友学園は近畿財務局に追加の地下埋蔵物があると報告。同月15日、籠池理事長夫妻は財務省に行き、新たに出たゴミにつき、国に早期の対応を求めました。このとき、小学校の名誉校長だった安倍総理大臣の妻の昭恵氏に言及し、また「あの方自身が愚弄されていると思った」とか、支援を受けている元副大臣など4人の政治家が憤慨しているなどと発言。田村嘉啓・国有財産審理室長は、森友学園に対し将来の売却を前提に貸し付けたことについて「特例だった」と発言し、新たなゴミについては「近畿財務局が責任をもって対応する」などと述べました（この交渉内容は籠池理事長の録音で判明）。

同月24日、森友学園が近畿財務局に国有地を買い取りたいと申し出。同月30日、財務省近畿財務局長武内良樹氏、森友学園籠池氏、国交省大阪航空局長加藤隆司氏が三者で合意したので、大阪航空局の予算措置が完了すること等を条件として、国から森友学園に対する1億3176万円の土地汚染除去等費用（有益費）の「返還」が決定。翌4月1日、大阪航空局は森友学園に1億3176万「有益費」返還通知を送付し、同月6日、森友学園に「有益費」1億3176万円（埋設物対策分が約8632万円、土壌汚染対策分が約4543万円）を送金。

同月14日、大阪航空局は近畿財務局に追加の地下埋蔵物撤去費用8億1900万円の見積もりを提出。同月22日、近畿財務局が不動産鑑定士に不動産の鑑定評価を依頼したところ、翌5月31日、不動産鑑定士が近畿財務局に対し「意見価格1億3400万円」と鑑定。「更地価格9億5600万円」と鑑定しているのですが、これは近畿財務局の依頼により、地下埋蔵物撤去及び処理費用を反映したもの（国土交通省作成の見積もりが根拠）。8億1974万1947円プラス事業期間長期化に伴う減価約200万円（計約8億2174万円）を控除して価格1億3400万円としたのです。

翌6月20日、近畿財務局は森友学園に1億3400万円（不動産鑑定評価価格から地下埋蔵物撤去・処理費用等を控除）で国有地を売却しました（10年間分割払い）。

第2節　財務省の「森友学園」公文書廃棄・改竄事件

（1）財務省理財局長「交渉記録の廃棄」答弁

学校法人「森友学園」（理事長・籠池泰典）が設置を目指した「瑞穂の國小学院」の名誉校長は、安倍晋三首相の妻・昭恵氏でしたから、8億円余りの値引きの根拠のほか、昭恵氏の関与が国会で問題になりました。

安倍首相は2017年2月17日の衆議院予算委員会で、籠池理事長について「いわば私の考え方に非常に共鳴している方で、その方から小学校をつくりたいので安倍晋三小学校にしたいという話がございましたが、私はそこでお断りをしているんですね。私はまだ現役の国会議員だし、総理大臣はやめたけれども、この先全く、もう一回復帰することを諦めたわけではないので、まだ現役の政治家である以上、私の名前を冠にするというのはふさわしくないし、そもそも、私が死んだ後であればまた別だけれども、何かそういう冠をしたいというのであれば、私の郷土の大先輩である例えば吉田松陰先生の名前とかをつけられたらどうですかというお話をしたわけでございます。」と答弁しました。

しかしまた、安倍首相は、「私や妻が関係していたということになれば、まさに私は、それはもう間違いなく総理大臣も国会議員もやめるということははっきりと申し上げておきたい。」とも答弁し、同月24日には、籠池理事長につき「非常にしつこい」人物であると、評価を一転させたのです。

政府は、安倍首相の17日答弁に慌てました。佐川理財局長、中村総務課長、太田大臣官房総括審議官は、5日後の同月22日、菅官房長官に呼ばれ、森友学園案件について説明しました。そして同月24日の衆議院予算委員会で財務省の佐川宣寿理財局長は、「昨年6月の売買契約に至るまでの財務局と学園側の交渉記録につきまして、委員からのご依頼を受けまして確認しましたところ、近畿財務局と森友学園との交渉記録というのはございませんでした」「面会等の記録につきましては、財務省の行政文書管理規則に基づきまして保存期間1年未満とされておりまして、具体的な廃棄時期につきましては、事案の終了ということで取り扱いをさせていただいております。したがいまして、本件につきましては、平成28年6月の売買契約締結をもちまして既に事案が終了してございますので、記録が残っていないということでございます」等と答弁したのです。

(2) 交渉記録「廃棄」答弁は虚偽だった!

私は2017年3月2日、財務省近畿財務局に対し、森友学園への国有地売却等の行政文書の情報公開請求。その際に、「森友学園」等との「交渉・面談記録」も情報公開の対象にしました。この請求に対し近畿財務局は、同年5月2日付「行政文書開示決定通知書」で、なんと「交渉・面談記録」も開示すると決定したのです。佐川「廃棄」答弁に反して「交渉・面談記録」は存在するからこそ、その開示を決定したことになります。

ところが、実際に開示された行政文書を確認したところ、「交渉・面談記録」は1枚もなかったのです。そこで私は6月6日「交渉・面談記録」の開示を求めて大阪地裁に提訴。同時に「面談・交渉記録」の廃棄・改ざんの禁止及び「デジタルフォレンジック調査をして文書を保存せよ」との仮処分の申立も大阪地裁に提訴しました（仮処分の申立は却下されたので大阪高裁に即時抗告）。

これとは別に、私は「交渉・面談記録」等について情報公開請求をやり直しました。その際、「森友学園担当者からの意見、要請に基づき庁内で作成した報告文書、回覧文書　稟議書、決済文書またはその趣旨を書いた文書、図画、電磁的記録」も情報公開の対象にしました。これに対し近畿財務局は、12月4日付「行政文書開示決定通知書」で「交渉・面談記録」につき「廃棄」を理由に非開示にしましたが、2018年1月1日付「通知書」では近畿財務局が内部で法的論点について検討した文書（「照会票」「相談記録」）等を開示決定。同月19日に届いた開示文書を見ると、森友学園との交渉の一部（森友学園の主張等）が記録されていたのです。「相談記録」には保存期間「5年」と明記。「相談記録」に記録された学園の主張内容を正確に確認しようとすると、「交渉・面談記録」で確認しなければならないので、「交渉・面談記録」も保存期間は5年で、本当は廃棄されていないのではないでしょうか。私は複数の講演で、そう指摘してきました。

2018年5月9日、「面会・交渉記録」（500ページ以上）が残っており、財務省が近く公表する、と日本テレビがスクープ報道（「財務省と森友　500ページ以上の交渉記録」NNN2018年5月9日12時7分）。財務省は同月23日に次に取り上げる改竄文書も含め「森友学園と近畿財務局と面談、交渉記録」

文書など1000頁に及ぶ合計217件の文書があったとして、それらを公表したのです（「財務省　森友交渉記録、答弁に合わせ廃棄　理財局職員指示」毎日新聞2018年5月23日12時59分）。

（3）公文書改竄事件

「森友学園」への国有地売払の際に財務省が作成した決裁文書については、契約当時の文書の内容と、2017年2月の問題発覚後に国会議員らに開示した文書の内容に違いがあり、「書き換えの疑い」があると朝日新聞が2018年3月2日付朝刊でスクープ報道。同新聞は売払前の賃貸の決裁文書でも「書き換え」疑惑を翌3日付朝刊で報じました。

財務省は同月12日に「書き換え」を認め、78頁に及ぶ調査結果を公表。14の決裁文書で変更部分は300カ所にのぼりました。その「書き換え」は、重大な事実を削除あるいは捏造していたので、明らかに〝改竄〟でした。

安倍政権は、虚偽の情報を国会議員や私に提出・開示し、主権者国民と、その代表機関・国会を騙したことになります。憲法の保障する〝知る権利〟という基本的人権を侵害し、国権の最高機関である国会の審議権を侵害したのです。また、公文書は「健全な民主主義の根幹を支える国民共有の知的資源として、主権者である国民が主体的に利用し得るもの」であり、国等に「現在及び将来の国民に説明する責務」を全うさせるもの（公文書等の管理に関する法律第1条）なのですから、安倍政権は民主主義を実質的に否定したことになるのです。それゆえ衆参各院は国政調査権（憲法第62条）を行使して、〝改竄〟事件につき「いつ」「誰が」「何のために」「誰に命じて」あるいは「誰に命じられて」行ったのか等を解明する必要があります。

ところが、安倍自民党は、その真相や全容の解明を積極的に行おうとはしませんでした。世論の批判を受けて、前国税庁長官で当時の財務省理財局長だった佐川宣寿氏の証人喚問に同意し、やっと同月27日に参議院と衆議院での証人喚問が実現しましたが、予想したとはいえ、「刑事訴追のおそれ」を理由に佐川氏は証言を拒否し続けました。

真相・全容解明のためには、さらに多くの関係者を証人として召喚し喚問すべきです。しかし、安倍自民党は、そうしませんでした。真相・全容解明は、安倍首相とその政権にとって不都合だからでしょう。そのことは、例えば、次の記述が〝改竄〟で削除されていたことからも明らかでした（［　］は上脇による）。

〈打合せの際、「本年［2014年］4月25日、安倍昭恵総理夫人を現地に案内し、夫人からは『いい土地ですから前に進めてください』とのお言葉をいただいた」との発言あり（森友学園籠池理事長と夫人が現地の前で並んで写っている写真を提示）〉

〈［産経新聞］記事の中で、安倍首相夫人が森友学園に訪問した際に、学園の教育方針に感涙した旨が記載される〉

〈国会においては、日本会議と連携する組織として超党派による「日本会議国会議員懇談会」が平成9年5月に設立され、現在、役員には特別顧問として麻生太郎財務大臣、会長に平沼赳夫議員、副会長に安倍晋三総理らが就任〉

第3節　3つの刑事告発と真相解明の必要性

(1) 財政法違反の国有地売買

「森友学園」への国有地売却価格は当初不明でした。木村真・豊中市議は、近畿財務局に対し、その国有地売払いに関して情報公開請求したところ、売払い価格につき非開示にされたので、その非開示処分の取り消しを求め、2017年2月8日大阪地裁に提訴したところ、財務省近畿財務局は、その売払価格を開示しました。その結果、同省は、地中埋蔵物・ゴミ（1万6800トン）の撤去費用8億1900万円を含む8億2200万円を鑑定価格9億5600万円から差し引いて1億3400万円で森友学園に国有地を売却していた、ということが判明するのです。

全国300名以上の弁護士・研究者の賛同を得て同年4月20日「国有地低額譲渡の真相解明を求める弁護士・研究者の会」（代表：阪口徳雄弁護士、後に共同代表・菅野園子弁護士。以下「真相解明を求める会」という）が発足し、私も参加しました。

「真相解明を求める会」は同年4月27日近畿財務局長に対し「学校法人森友学園との交渉経過のデータの保存及び第三者委員会の設置等を求める要請書」を提出しました。

森友学園の籠池泰典・前理事長は、2017年5月16日、民進党のヒアリングで、財務省との交渉を受け持っていた顧問弁護士と設計業者がやり取りした2016年4月のメールの記録を提出しました。

・設計業者から弁護士への8日づけメール：「約3メートル以深には廃棄物がないことを証明しております」

・10日、弁護士から返信メール：「柱状図（ボーリング調査結果）の提出はやめましょうか」

・同日、設計業者から弁護士へのメール：「今回工事に関わるボーリング調査に関する資料は抹消いたしました」

このことも踏まえ、「真相解明を求める会」は、①大量のゴミが地中にあったというのが虚偽であったこと、②ゴミの混入率は47・1%となっているが、「平成21年度大阪国際空港豊中市場用地（野田地区）地下構造物状況調査業務・報告書（OA301）」によれば平均混入率は20・7%とあるので、これで計算すれば推定ゴミ量は半減以下に減る計算になること、③仮に地中埋設物・ごみの量が国の通りであったとしても、民間でこの工事を仮に委託するとすれば3億7080万7728円で可能で、4億4893万4219円が過剰な積算であることなどを指摘し、「安倍総理・明恵案件」であったがゆえの便宜供与が本件の本質であるとの調査結果を2017年6月19日に公表しました。

会計検査院は2017年11月22日、財務省の森友学園への国有地売払につき8億1900万円値引きしたことについて「適切とは認められない」、値引きの「根拠が不十分」と指摘して報告しました（会計検査院「学校法人森友学園に対する国有地の売却等に関する会計検査の結果についての報告書（要旨）」2017年11月22日）。この報告によると、大阪航空局の「内訳書」の本件土地の深度9・9m又は3・8mまであったという事実及びゴミ混入率の47・1%と計算した事実の認定に関しては根拠資料が曖昧であること、8億円余の積算の大きな比重を占める「処分費」のトン単価22500円の詳細な内容の「証拠」がなく、合計ゴミ撤去費用の8億余の金額を控除した積算内容は、「恣意的」な積算であることが指摘されました。国の答弁において説明した「8億円余」の減額根拠がなかったことになります。この点の指摘は極めて正しく、この報告書は高く評価できます（真相解明を求める会（共同代表阪口徳雄弁護士、同・菅野園子弁護士）「会計検査院の調査結果に関するコメント（11／22）」）。

したがって、この報告書を踏まえれば、森友学園への国有地の売払いは、国の財産につき「適正な対価」なしに譲渡も貸付けもしてはならないと定めた財政法（第9条第1項）に違反することになります。

(2) 大阪地検特捜部への刑事告発

2017年7月13日、私を含む弁護士・研究者計246名は大阪地検特捜部に対し、大量のゴミがなかったにもかかわらずゴミが大量にあったとの虚偽理由で国有地を低額で森友学園に対し売却し、その証拠を廃棄したとして、当時の近畿財務局長らを、背任罪（刑法第247条）および証拠等隠滅罪（刑法第104条）で刑事告発しました。

会計検査院は、前述したように同年11月22日に検査結果を発表しました。告発人ら246名は、この検査院報告に基づき、告発人らの主張を明確にするために一部補充しました。この結果、財務局は国に最大金8億1900万円、控えめに見ても会計検査院の指摘のとおり、その数量を最大1万3927トンとして、その数量を認定すべきところ「空港土木請負工事積算基準」で積算しても金4億1358万円余、「公森友問題のスタートは安倍晋三小学校、安倍昭恵名誉校長問題であった。この為に国有地を特例的に賃貸し、ゴミが 19,520 トンも存在しないのにその撤去費用を大幅に値引きして著しく低額で譲渡した事案である。

財務省は公文書まで廃棄、改竄、虚偽答弁を繰り返した。全て安倍総理を「守る」ための戦後最大の官僚の組織的犯罪であった。しかし、検察までも安倍一強に怯え、又は忖度し、罪に問える証拠があるのに、あれこれの屁理屈で関係者を無罪放免にした。

安倍官邸に人事権を握られた検察の上層部まで財務省と同じように「腐敗」は進行していることに同じ法曹として悲しいし、極めて残念である。

今後は安倍政権を忖度する必要性のない、普通の市民感覚で構成される検察審査会に審査申立てを行い、その上で起訴議決を受けて公開の法廷で、うやむやにされた本件事件の真相解明を求め続けるものである。

2018 年 5 月 31 日
○国有地低額譲渡の真相解明を求める弁護士・研究者の会
　共同代表　弁護士 阪口徳雄、同弁護士 菅野園子
○背任罪、証拠隠滅罪等告発人ら弁護士、研究者 246 名
　（代表弁護士 阪口徳雄、菅野園子）
○公文書変造罪、公用文書毀棄罪告発人
　上脇博之（神戸学院大学法学部教授）

共建築工事積算基準」で積算すれば金4億9734万余の損害を与えたと補充しました。

同時に背任罪の構成要件である「任務違背」「図利加害目的」についての刑法の第一者である立命館大学大学院法務研究科松宮孝明教授に背任罪の「任務違背」「図利加害目的」に関する、歴史的経過、判例にみる「図利加害目的」の解釈基準や実際例についての参考意見を求め、その部分の補充も行いました。その内容を同年1月23日大阪地検に提出し説明しました。

また、情報公開請求していた私は、同年4月18日、決裁文書の改竄問題につき、佐川氏を含む職員10名のほか総理秘書官らで共謀した者（氏名不詳者）を、公文書変造罪（刑法第155条第2項）・同行使罪（刑法第158条）の容疑で刑事告発するため代理人とともに大阪地検特捜部に告発状を提出しました。また、同年5月30日、いわゆる応接記録の廃棄問題につき、公用文書等毀棄罪（刑法第258条）の容疑で刑事告発するため代理人とともに大阪地検特捜部に告発状を提出

しました。

しかし、同特捜部は、前述の背任罪での刑事告発を含め告発全部を翌5月31日午後2時半に不起訴にしたと代理人弁護士に電話連絡をしてきました。不起訴理由の大半は嫌疑不十分であり、全く関係していない職員は嫌疑なしという説明だったそうです（この点は、不起訴の理由説明書で確認）。私たち告発人・代理人は、前頁のコメントを発表しました。

（3）大阪検察審査会への審査申立と大阪検察審査会の議決

大阪地検特捜部の以上の3つの不起訴処分（2018年5月31日）に対し、私たちは翌6月5日、それぞれ大阪検察審査会に「起訴相当」議決を求め、審査を申し立てました。翌2019年3月29日大阪第一検察審査会は、佐川理財局長らにつき「不起訴不当」決議を行いました。「真相解明を求める会」がまとめた「議決の要旨」と「議決理由」は以下の通りです。

◆議決の要旨
（1）背任罪については、三好泰介及び池田靖については不起訴不当。それ以外の者は不起訴相当。
（2）公文書変造罪及び公用文書毀棄罪については、佐川宣壽、中村稔、田村喜啓は不起訴不当。それ以外の者は不起訴相当。
（3）公用文書毀棄罪については、佐川宣壽、中村稔、田村喜啓は不起訴不当。それ以外の者は不起訴相当。
◆議決の理由

（1）背任罪

ア　財産上の損害は検察官の不起訴理由（撤去費用は評価者により異なり合理的で適正という金額は困難）というが、利害関係のない者の見積もりなど客観的な試算を行うべきで再捜査すべきである。

イ　国が損害賠償義務を免れたという検察の不起訴理由は森友の弁護士すら損害賠償金額に具体的ではなく弁護士すら厳しいと考えていたこと、生活ごみは契約の範囲外とされていたのに、それも考慮していることは納得できない。

ウ　交渉経過からみて池田、三好は1億3000万に近づけるために上積みも指示をしていることを認めている。

エ　図利加害目的　池田、三好などには「自己保身」が認められる。

（2）公文書変造罪及び公用文書毀棄罪

ア　検察官は作成権限の有無について被疑者らに権限が全くないとは言えないというあいまいな判断だと批判している。

イ　一旦決済した文書を修正する場合は修正場所を明らかにして、再度決済するのが社会常識であるが、本件修正は常識を逸脱した行為であり、又大幅に削除されていることから原本が証明した内容が変わってしまっているので変造に該当すると断定。また、公用文書毀棄罪は成立する。

ウ　佐川の国会答弁に起因している。

部下に指示していないという弁明をするが、部下の供述からみて信用できない。

中村は佐川に最も近く、理財局、近畿財務との伝達役目を担い、中核的な役割を果たしていた。

田村は近畿財務局への指示など深い関与が認められる。
エ　松本裕司、及び三好泰介は実行行為者であるが命令に逆らえないので不起訴は相当。それ以外の者は不起訴相当。

（3）公用文書毀棄罪
ア　公用文書に該当しないという検察官の不起訴理由への判断
本件応接記録は事後的に確認する可能性があり、売買契約締結をもって事案終了とは言えず公用文書に該当する。又情報公開請求や、国会でその存否が問題となった時以降は公用文書に該当するとして、検察官の判断を批判している。
イ　応接記録24通を廃棄したことは認められる。
ウ　佐川は部下に指示していないという弁明をするが、部下の供述からみて信用できない。
中村は佐川に最も近く、理財局、近畿財務との伝達の役目をにない、中核的な役割を果たしていた。
田村は近畿財務局への指示など深い関与が認められる。
エ　前西勇人、三好泰介、池田靖は実行行為者であるが命令に逆らえないので不起訴は相当。

以上のことを踏まえ「真相解明を求める会」は「議決への評価」としてコメントを発表しました。

起訴議決がでなかった点は残念であるが、不起訴不当の理由は起訴議決の判断である。検察官の不起訴理由をことごとく退けているからである。11人中、6人から7人が起訴相当であると判断したと思われるが8人には達しなかったのであろう。検察官は検察審査会の不起訴不当の決議を重く受け止め、この検察審査会の思い、理由に述べている点を再捜査して補充すべきである。

（4）廃棄・改竄の真相解明は不十分

安倍首相夫妻が森友学園の小学校設置に関与していたことを記録した公文書のうち、「廃棄した」と答弁できない決裁文書については関与記載の量も少ないので改竄し、関与記載の量が多く財政法違反がバレる記載の多いものについては「廃棄した」と虚偽答弁をしたのでしょう。

会計検査院の検査が完了していない中で、実際には廃棄していない公文書を勝手に「廃棄した」と答弁し、会計検査院の求めた資料提出を怠れば、行政処分される可能性があります（会計検査院法第26条・第31条第2項）から、「破棄」虚偽答弁や改竄は、安倍総理補佐官など総理官邸側の直接または間接の指示による可能性があった可能性も否定できません。

なお、「真相解明を求める会」は2018年3月8日会計検査院に、麻生財務大臣に対して佐川宣寿・国税局長官（当時理財局長）他関係者に懲戒解雇を含む処分を要求するよう申し入れました。

ところで、2017年3月9日、財務省の近畿財務局の職員が自殺したと報じられました。すると、国税庁長官に栄転していた佐川氏は辞任を表明し、財務省は3月12日に14の決裁文書で改ざんが行われていたと認めました。そして、財務省は翌2018年5月23日、「森友学園」等との交渉記録（応接記録）217件を世間に公表しました。

財務省は２０１８年6月4日、以上の廃棄・改竄について内部調査の結果をまとめ公表しました（財務省「森友学園案件に係る決裁文書の改ざん等に関する調査報告書」２０１８年6月4日）。これを読むと、安倍首相の２０１７年2月17日の「私や妻が関与していたら内閣総理大臣を辞める」旨の国会答弁後、財務省が改竄等に走ったことが明らかですが、当時の佐川理財局長の関与が具体的に解明されていませんでした。

前述の「自殺した財務書近畿財務局の職員」とは、近畿財務局管財部上席国有財産管理官だった赤木俊夫さんでした。その赤木さんは死の直前、決裁文書の改竄の経緯を詳細に記した「手記」と関連する手書きのメモを残していたのです。大阪日日新聞記者で、森友学園問題を当初から取材し続けている相澤冬樹氏（元ＮＨＫ記者）が遺族から「手記」全文、および関連する手書きのメモの提供を受けていました。その「手記」（Ａ４で7枚の文書）が「週刊文春」２０２０年3月26日号（同月18日発売）掲載）で公表されました。

「手記」は、自殺当日まで書かれていたとみられ、「すべて、佐川理財局長の指示です」「美並近畿財務局長に報告したと承知しています」など、当時の財務省、および近畿財務局の幹部らの言動について実名で詳細に綴られていました。以下、少し詳しく紹介しましょう。

「（1）国会対応」。「この資料（応接記録）を文書管理規則に従って、終始『廃棄した』との説明（答弁）は、財務省が判断したことです。その理由は、応接記録は、細かい内容が記されていますので、財務省が学園に特別の厚遇を図ったと思われる、あるいはそのように誤解を与えることを避けるために、当時の佐川局長が判断したものと思われます。」

「(2)国会議員への説明」。「(当時)佐川理財局長の指示により、野党議員からの様々な追及を避けるために原則として資料はできるだけ開示しないこと、開示するタイミングもできるだけ後送りとするよう指示があったと聞いています。」

「(3)会計検査院への対応」。「③応接記録をはじめ、法律相談の記録等の内部検討資料は一切示さないこと、検査院への説明は『文書として保存していない』と説明するよう事前に本省から指示がありました」。

「3.財務省は前代未聞の『虚偽』を貫く」。「平成30年1月28日から始まった通常国会では、太田(現)理財局長が、前任の佐川理財局長の答弁を踏襲することに終始し、国民の誰もが納得できないような詭弁を通り越した虚偽答弁が続けられているのです。

現在、近畿財務局内で本件事案に携わる職員の誰もが虚偽答弁を承知し、違和感を持ち続けています。」

以上の「手記」によると、要するに、財務省は、実際には森友学園との応接記録が存在し保有しているにもかかわらず、当該応接記録を公表・公開するのは安倍首相や理財局長らにとって都合が悪い(時期だった)ので、あえて応接記録を国会にも国会議員にも会計検査院にも情報公開請求者にも開示しなかったのです。

また、赤木さんの遺族(妻)は、今年3月18日、「佐川宣寿元国税庁長官の指示で決裁文書改ざんを強制され自殺に追い込まれた」として、国と佐川氏を相手取り、計約1億1千万円の損害賠償を求めて大阪地裁に提訴しました。記者会見した妻の訴訟代理人によると、「なぜ夫が死ななければならなかったのか、裁判で追及して真相を明らかにしたい。賠償金は何らかの形で世の中のために役立てたい」と話しているそうです。

さらに、妻の訴訟代理人は、赤木俊夫さんが亡くなった時、弔問に訪れた近畿財務局の上司・池田靖統括国有財産管理官（当時）が赤木さんの妻に対し「赤木さんは改ざんを巡る詳細なファイルを作っていた」と明かしたと説明しました（赤澤竜也「近畿財務局・赤木俊夫上席国有財産管理官の遺した『手記』の衝撃」ヤフーニュース２０２０年3月19日0時7分）。

（5）いまだに「応接記録24通」は廃棄

財務省近畿財務局は私の最初の情報公開請求に対し後述する経緯を経て「応接記録２１７件」の文書を開示決定しました（２０１９年4月2日）。そして私は開示を受けました。ところが、公用文書毀棄被疑事件についての大阪第一検察審査会の「不起訴不当」議決書の要旨（大阪第一検審第41号、平成31年3月29日）には「応接記録24通が廃棄されたことは明らかである」と明記されていました。

しかし、赤木俊夫さんの前記「手記」には、「行政上の記録を応接記録として作成された文書」は「文書管理規則上1年未満」とされていても「実際には、執務参考資料として保管されているのが一般的です。」と書かれていましたので、近畿財務局が２０１４年4月28日に森友学園側と応接したときの内容（籠池理事長が夫妻と昭恵氏を一緒に写した写真を提示）を記録した文書など、今でも「廃棄された」ことになっている前記「応接記録24通」は財務省内のどこかに保管されているのではないでしょうか。

（6）国有地の賃貸・売買各契約の真相解明の必要性

また、財務省の前記調査報告書によると、その調査は改竄・廃棄だけを対象としており、その原因になった国有地の財政法違反の売買契約やその前の賃貸契約については調査の対象になっていませんでした。森友学園との間で売買契約（２０１６年６月20日）が締結されたのは、佐川宣寿氏が財務省理財局長のときですが、佐川氏が理財局長になったのはその契約の直前の16年６月17日でした（17年７月５日まで理財局長）。したがって、売買契約の内容が実質的に決まった時の財務省理財局長は前任の迫田英典氏（15年７月７日～16年６月17日）でしたし、その前の賃貸借契約（15年５月29日）がなされたときの理財局長は、更にその前任の中原広氏（14年７月４日～15年７月７日）でした。

したがって、衆参各院は佐川氏、迫田氏、中原氏を含め関係者全員の証人喚問を行い、改ざん等とその発端となった財政法違反の真相・全容解明をしなければならないはずです。

第４節　情報不開示と国家賠償訴訟

（1）訴訟に至る経緯

すでに紹介したように木村真・豊中市議が２０１７年２月８日に森友学園への国有地の売払い価格の非開示処分の取消を求める情報公開訴訟を提起した直後の同月10日に、近畿財務局は当該価格が１億３４００万円だったことを公表しましたが、それは近隣地の売払い価格の10分の1程度でした。

私は森友学園への国有地売払いについて「適正な対価」なくして国有地を譲渡することを禁止している財政法に違反するのではないかとの疑念を抱き、２０１７年３月２日近畿財務局に対し「森友学園」等との「交渉・面談記録」など多くの文書を情報公開請求。この請求に対し近畿財務局は、同年5月２日付「行政文書開示決定通知書」で、「交渉・面談記録」も開示すると決定したが、実際に開示された行政文書を確認したところ、「交渉・面談記録」は1枚もなかったので、同年6月6日「交渉・面談記録」の開示を求めて大阪地裁に提訴しました（「第一次訴訟」）。

その最初の情報公開請求では、森友学園の「小学校設置趣意書」と賃貸借契約書が漏れていたので、私は同年5月10日付で近畿財務局に対し森友学園の「小学校設置趣意書」等の情報公開を請求。近畿財務局は同年7月10日「小学校設置趣意書」につき、その表題の小学校名を不開示処分にし、その本文を全部不開示処分しました。その理由は「経営上のノウハウが書かれている」から、というもので、法人等に関する情報又は事業を営む個人の当該事業に関する情報のうち、「公にすることにより、当該法人等又は当該個人の権利、競争上の地位その他正当な利益を害するおそれのあるもの」という不開示情報（情報公開法5条2号イ）に該当するというのです。

そこで私は同年10月2日その不開示処分の取消を求め大阪地裁に提訴（「第二次訴訟」）。すると、森友学園の管財人は同学園が小学校を開設しないので全部開示してかまわないと判断したため、同年11月24日近畿財務局長は森友学園の「開成小学校設置趣意書」を全部開示したのです。

ところが、そこには「経営上のノウハウ」は一切書かれていなかった上に、誤字や空欄もあり未完成の下書きではないかと思われるものでした。さらに、その内容は、日本国憲法に適合する「こども権利条約・男女共同参画・雇用均等法」などを「日本人の品性をおとしめ世界超一流の教育をわざわざ低下せしめた」と批判し、さらに戦前の「富国強兵的考え」や「教育勅語」を高く評価する記述になっていて、森友学園の塚本幼稚園の園児の「受け皿が必要」だと書かれていたのです。これは「安倍首相の教育理念と合致する小学校」と評しうる内容でした。

(2) 第3次訴訟提起と〝当たり前〟の原告勝訴判決

そこで私は同年11月30日不開示事由がないにもかかわらず不開示した処分が違法であったとして、国に110万円余りの賠償を求め大阪地裁に提訴しました(「第三次訴訟」)。

財務局職員が大阪府庁を訪ねた際の記録には府職員の発言として「安倍晋三記念小学校として本当に進捗できるのか、取り扱いに苦慮している」と明記されていた(2014年3月4日)ことが、第三次訴訟提訴後に判明しました(「『安倍晋三記念小学校』森友側が説明　財務省記録に記載」朝日新聞2018年5月24日)。

私は、原告として陳述書を提出し、2018年12月大阪地裁で原告弁護団から尋問を受けましたが、被告国は私への尋問を一切行いませんでした。

翌2019年3月14日大阪地裁（第7民事部）は、①不開示処分が情報公開法上違法であり、かつ②国家賠償法上の違法であり、③故意の認定はされなかったものの過失があったと認定し、④国に5万5000円（慰謝料5万円および弁護士費用5000円）を賠償するよう命じました（平成29年（ワ）第11667号損害賠償事件）。

以上のうち①〜③について簡単に紹介しておきましょう。

まず①について。本件文書（小学校設置趣意書）の本文の内容は、「そもそも、学校法人としての経営戦略に関する情報としては概括的かつ抽象的なものにとどまり、小学校の運営・経営上のノウハウというべきものではない上、その程度の情報は、既に、実質的に公にされていたと認められるから、これが公にされた場合に、森友学園の権利、競争上の地位その他正当な利益を害する蓋然性があったとは到底いえない。」また、本件文書の小学校名についても、『開成』という名称を学校の名称として使用することの特段の独自性や目新しさはない」から「森友学園にとって殊更に秘密にすべき情報であったとは考え難い。」などとして、「本件小学校名を公にした場合に、……森友学園の競争上の地位が害されることになるとは到底考えられなかった」。したがって、「本件不開示部分の情報は、情報公開法5条2号イ所定の不開示情報に該当しない。」

次に②について。「情報公開法に基づく公文書の不開示決定に取り消し得べき瑕疵があるとしても、そのことから直ちに国家賠償法1条1項にいう違法があったとの評価を受けるものではなく、公務員が職務上通常尽くすべき注意義務を尽くすことなく漫然と上記決定したと認めうるような事情がある場合に限り、上記評価を受けるものと解するのが相当である」として、最高裁判決（最高裁判所2006年（平成18年）4月20日第一小法廷判決・集民220号165頁）を援用。そして、「近畿財務局長等は、何ら合理的な根拠がないにもかかわらず、本件不開示部分記載の情報が不開示情報に該当するとの誤った判断をしたものといわざるを得ず、職務上通常尽くすべき注意義務を尽くすことなく、漫然と本件不開示決定をしたと認めるほかない。」から、「近畿財務局長等が本件不開示部分を不開示としたことについて、国家賠償法1条1項の違法があったものと認められる。」

最後に③について。「近畿財務局長等が本件不開示部分を不開示にしたことにつき過失があると認められ、これを覆すに足りる事情は見当たらない。」が、「故意に上記判断をしたと認めるに足りる証拠はない。」

以上が判決の概要です。故意が認定されなかったのは残念でしたが、原告の主張のほとんどが認容され、「全面勝訴判決」と評価しても過言ではない判決内容でした。この判決の直後、司法クラブでの記者会見で、私と原告弁護団は、国家機関において、やっと初めて〝当たり前の判断〟がなされたと表明しました。同月28日までに国は控訴を断念しましたので、翌29日原告・弁護団一同は、「あまりにも非常識な行為を控訴して、これ以上の恥の上塗りを避けたのであろう。当然の処置である。それにしてもやっと森友問題で国民の常識が通用したことを歓迎したい。」などとする内容のコメントをマスコミに発表しました。

（3）「応接記録」不開示国家賠償訴訟へ

財務省近畿財務局が「小学校設置趣意書」のほとんどを不開示処分にしなければ、そもそも第二次訴訟も第三次訴訟も提起する必要のない訴訟でした。

この点は第一次訴訟についても言えます。財務省近畿財務局は、私の2017年3月2日付情報公開請求に対し、同年5月2日付の開示決定において「森友学園」等との「交渉・面談記録」の開示を決定しておきながら実際には開示しなかったので、同年6月6日開示を求め「開示しないのは違法」という不作為の違法確認訴訟を提訴しました。国に釈明を繰り返す中で「開示も不開示もない」ことは「不開示決定を出した」という意味だとか、言い始めたので、原告・弁護団はやむなく「森友学園」等との「面談・交渉記録」については不開示決定があったということで、その取消訴訟を追加しました。

財務省は2018年5月23日に「森友学園と近畿財務局と面談、交渉記録」文書など合計217件の文書があったことを世間に公表し、翌6月4日には内部調査結果をまとめた報告書を公表しました（財務省「森友学園案件に係る決裁文書の改ざん等に関する調査報告書」平成30年6月4日）。そして、近畿財務局は、原告の私に対し翌2019年4月2日付「行政文書開示決定通知書」において、やっと「217件の各文書のうち……決定当時に行政文書として当局が保有している文書に関し不開示とした部分を取り消し、新たに……開示することとしました」と通知してきました。そして同月9日私の手元に開示文書が届いたのです。私の当初の情報公開請求から2年近くが、財務省の調査結果をまとめた報告書から10か月が、それぞれ経過していました。

したがって、この件も私が当初開示請求した時点で実際開示できたはずです。何故このように2年経過してやっと開示してきたのか、もっと早い2017年5月2日の決定時に開示しなかったのか、当時の佐川宣寿理財局長らが財務省内部でどのような理由で遅らせたのか真相解明を求めて、第一次訴訟につき1100万円の国家賠償請求に変更する申立を2019年7月8日に提出しました。大阪地裁は同月30日付で、この変更を許可する決定をしました。

なお、原告弁護団は、当時公文書を「廃棄、隠匿」した財務省本省の中村稔総務課長（当時）を証人申請しましたが、国は間もなく同課長を外交官として栄転させ、証人申請を回避しようとしました。また、同時に財務省の隠ぺい工作について佐川宣寿理財局長（当時）の証人申請もしましたが、国は佐川氏らが法廷に呼びだされ、2時間も3時間も原告側の弁護士に尋問されては困るので、「遅くなったことについての違法性は特に争わない」と言い始めたそうです。原告・弁護団はしつこく証人尋問の必要性を法廷で繰り返しましたが、裁判長は情報公開法上の「違法性」について国が認めている以上は尋問の必要性がない、となったそうです。

(4) 〝故意〟を認めた勝訴判決

この国家賠償訴訟は今年2月20日に結審しました。そして5月7日に判決が言い渡される予定でしたが、新型コロナウイルスの影響で判決期日が延期になっていました。6月25日に大阪地裁（第7民事部）は、判決主文で、被告国は原告に対し33万円の支払いをするよう言い渡し、原告の私はまた勝訴しましたが、今回は、なんと、国の国家賠償法上の〝故意〟を認定したのです（平成29年（行ウ）第104号情報公開等請求事件）。判決の概要を紹介しましょう。

①「情報公開法上の違法」判断について。「本件217件の文書」のうち、「財務省及び近畿財務局の職員が手控えとして保有し、廃棄されずに残っていたことが確認された応接録」については「純粋に職員個人の手控えとして保有されていたものとは認め難く」、また、「財務省及び近畿財務局のサーバー及び職員のコンピュータ上に残された電子ファイルの検索等により確認できた応接録」については「組織的に用いるものとして保有されていたことが認められる」ので、「近畿財務局が、本件処分時に、本件217件の文書の少なくとも一部を行政文書として保有していたことは明らかというべきである」から、「近畿財務局長が本件処分において本件217件の文書について『文書不存在』を理由として不開示としたことが、情報公開法上、明らかに違法である。」

②「国家賠償法上の違法性及び故意」判断について。「近畿財務局長は、近畿財務局が保有していた行政文書を意図的に存在しないものとして扱い、本件処分を行ったというほかなく、このような近畿財務局長の行為が、国家賠償法上、故意の違法行為に該当することは明らかと言うべきである。」

③「精神的損害」判断について。「原告は、……適時に適正かつ適式な開示決定を受けるという人格的な利益を侵害され、精神的苦痛を被ったものと認められる。」「近畿財務局長は、……国会審議おいて更なる質問につながり得る材料を極力少なくするという、国民主権の理念に反するものというべき、極めて不適切な動機の下で森友学園案件に関する応接録が廃棄されていた中で、国の有するその諸活動を国民に説明する責務を全うされるようにするといった情報公開法の目的に反して意図的にこれら文書を不開示としたのであり、その違法行為の内容・態様は、相当に悪質であるといわざるを得ない。」「近畿

財務局長が本件再処分をして原告に本件217件の文書を公開したのは、本件調査報告書の公表から約10カ月が経過した後であり、その間、本件訴訟において、被告は、原告が不作為の違法確認等を求めていることを捉えて、本件訴えは不適法であるから却下されるべき旨の答弁を繰り返すなどしていたのであり、このような近畿財務局長の対応や被告の応訴態度については、甚だ不誠実であるとの批判を免れない。」

以上のように判断し、大阪地裁は、国が私に文書を公開しなかったことを断罪しました。つまり、安倍政権において財務省は情報公開請求された文書を保有していることを認識していながら、故意に情報公開法に違反して文書を開示しなかったと裁判所は判断したのです。したがって、私たち原告・弁護団は、この判決を高く評価しました。

ただし、国が請求された文書を開示しなかった動機については、財務省の調査結果の報告書が記載している内容の枠内にとどまっており、それが必ずしも真実とは言い難いので、大阪高裁に控訴して、自殺した財務書近畿財務局職員・赤木俊夫さんの（口頭弁論終結後に公表された）遺書（「週刊文春」2020年3月26日号（同月18日発売）掲載）を裁判所に提出し、中村・佐川氏らの証人尋問を求めることにしました。そして、7月1日、私は代理人弁護士を通じて大阪高裁に控訴状を提出しました（国家賠償請求額は333万円）。

第2章

公金の私物化と裏金

～「桜を見る会」＆「前夜祭」事件～

第1節　「桜を見る会」安倍首相「背任罪」刑事告発

(1) 公的「桜を見る会」と私的「前夜祭」

安倍晋三首相・衆議院議員に関して、「桜を見る会」と「桜を見る会前夜祭（夕食会・懇親会）」について、それぞれ政治的にも法的にも大きな問題があるとして昨2019年5月以降国会で追及され、国民の間には安倍首相は説明責任を果たせという声が大きく広がりました（詳細については、上脇博之『逃げる総理　壊れる行政　追及!!「桜を見る会」&「前夜祭」』日本機関紙出版センター、2020年を参照）。

「桜を見る会」とは〝内閣総理大臣主催の公的な行事〟です。一方、「前夜祭」とは「夕食会」とか「懇親会」とも呼ばれており、「桜を見る会」の前夜に開催された、〝安倍衆議院議員の政治団体「安倍晋三後援会」が主催する私的な事業〟です。

この2つは主催者が異なるにもかかわらず、安倍首相・議員の選挙区にある、山口県内の地元の安倍事務所は、その両者をまるで一つの事業であるかのように大勢の後援会員らに案内・世話していたことが発覚しました。また、「桜を見る会」は公費を使った公的行事なのに、安倍首相がそれを政治利用し私物化（政治資金化）したことも判明しました。

（2）「『桜を見る会』開催要領」の「招待範囲」

1952年、吉田茂氏は、内閣総理大臣主催として「桜を見る会」を開催し、その後、ほぼ毎年開催されてきました。2019年10月15日の安倍晋三内閣閣議決定によると、「桜を見る会」の目的は「内閣総理大臣が各界において功績、功労のあった方々を招き、日頃の御苦労を慰労するとともに、親しく懇談する内閣の公的行事として開催しているもの」と説明されました。それゆえ、招待者（客）の参加費や新宿御苑の入園料（500円）は無料で、たる酒その他のアルコール、オードブルやお菓子、お土産が招待者に振舞われ、その経費はすべて公金から拠出されてきているのです。

具体的に誰を「桜を見る会」に招待するのでしょうか？

内閣府は、「各省庁からの意見等を踏まえまして、内閣官房及び内閣府におきまして最終的に取りまとめ」、「案内状発送は内閣府が一括して行い、必ず招待者一人ひとりにあてて送付する」のです。

2015年『桜を見る会』開催要領」は、「招待範囲」を次のように明記していました。

「皇族、元皇族、各国大使等、衆・参両院議長及び副議長、最高裁判所長官、国務大臣、副大臣及び大臣政務官、国会議員、認証官、事務次官等及び局長等の一部、都道府県の知事及び議会の議長等の一部、その他各界の代表者等」（2019年も同じ）。

ここには「等」という表現が明記されていますが、「等」には、どのような人物でも含められるわけではなく、その前に明記されている「各界の代表者」に準じる者しか含まれません。

（3）予算額を超えた実際の支出の膨張の原因は招待者数の増大

２０１２年末に第二次安倍政権が誕生して以降、「桜を見る会」の公費支出額は増え続けました。同会の総経費について、内閣府の井野靖久大臣官房長は、２０１３〜２０１９年度の予算額は各年度１７６６万６０００円である一方、支出額は２０１４年に３００５万円、２０１８年には５２２９万円へ増加したと答弁しました（より正確な数字は下記の一覧表を参照）。

２０１９年は予算の３倍の５５１８万７０００円でした。そして２０２０年は、膨れ上がった参加者数（後述）に合わせる形で予算額を膨張させ５７２８万８０００円（概算要求額）としました。しかし、国民の批判を受け、これ以上の追及を回避するために、安倍首相は「桜を見る会」の開催自体を中止したのです。

では、「桜を見る会」の実際の支出が予算額の３倍に増えた原因は何なのでしょうか？

第二次安倍政権下の「『桜を見る会』開催要領」の「招待範囲」に

政権	年	参加者数	政権	年月日	招待者数	参加者数
小泉	2005	8,700人	第2次安倍	2013年4月20日		12,000人
	2006	11,000人		2014年4月12日	12,800人	13,700人
第1次安倍	2007	11,000人		2015年4月18日	13,600人	14,700人
福田	2008	11,000人		2016年4月9日	13,600人	16,000人
麻生	2009	11,000人		2017年4月15日	13,900人	16,500人
鳩山	2010	11,000人		2018年4月21日	15,900人	17,500人
				2019年4月13日	15,400人	18,200人

2011年、12年は東日本大震災等を受け中止。
招待者数は2019年5月21日の衆議院財務金融委員会での内閣府の井野靖久大臣官房長の説明。
しんぶん赤旗（2019年5月22日）、朝日新聞（2019年11月13日21時34分）などにより上脇が作成。

明記された招待者数は「約1万人」と明記されていましたが、招待者数は増え続け2019年には1万5400人（実際の参加者数は1万8200人）だったからです。

菅義偉官房長官は2019年11月13日の記者会見で内閣官房や内閣府から政府・与党幹部や各省庁に招待者を推薦するよう依頼していたことのほか、首相官邸については「首相、副総理、官房長官、官房副長官に対して推薦依頼を行った」と明らかにした上で、「長年の慣行だ」と説明しました。

(4) 第二次安倍政権後の急増した「与党議員の事実上の招待枠」

2012年12月に誕生した第二次安倍政権でも確かに「与党議員（閣僚、自民党幹部）の推薦枠」はあったようです。しかし、第二次安倍政権では「与党議員の推薦枠」の実態は「地元の支持者も多数招かれている」ようですし、安倍首相の妻・昭恵氏の推薦枠もあり、その結果として、それらの「枠」が雪崩を打ったように膨張して行ったのです。

なかでも「安倍晋三後援会」が推薦し招待された人数は850名余りもいました。安倍事務所が後援会員らに送付した「参加申し込み」には、家族や知人、友人が参加する場合「（用紙を）コピーしてご利用ください」と明記されていたので推薦者・招待者の人数が膨れ上がったのです。

ところで、本来は、事前に「開催要領」により「桜を見る会」の招待者数（招待範囲）と国の予算額が決まっているのですから、与党議員から推薦があっても内閣府が、その推薦された全員を招待するとは限らないはずです。ところが、実際の招待者数も支出額もそれらを超えて招待されていたのです。ということは、第二次安倍政権では与党議員（特に役員）の「推薦枠」は事実上の「招待枠」になっていたことになります。

この点は「総理枠」であれば尚更のことだったようです。安倍事務所が後援会員に対し「桜を見る会」の案内を出し、後援会員が参加を希望すると、安倍事務所がその参加希望者を推薦し、内閣府が自動的にその推薦者を招待する仕組みになっていたようなのです。というのは、内閣府が招待状を送付する前に、安倍事務所は旅行会社をあっせんし、観光コースの申し込みの締切を設定していたからです。普通、推薦された者でも招待されるとは限らないので、旅行会社へのあっせんは招待状が届いてから行うことになるはずですが、安倍事務所は招待状が届く前に旅行会社へのあっせんを行っていたのです。ということは、安倍事務所の推薦は必ず招待されることになっていたことになります。つまり、推薦は事実上の招待だったのです。こうして安倍事務所の招待者数も増えてきたのです。

以上の安倍事務所の突出した招待とは別に、安倍首相は２０１８年の自民党総裁選や２０１９年の参議院通常選挙のために、通常招待されない地方議員らも紹介していたことが判明しています。

(5) 財政法違反

そもそも財政法は予算の目的外支出を禁止しています（第32条）。「招待範囲」外の者を招待し、その分の支出が増えた場合、その支出は財政法の禁止する目的外支出であり違法です。会計検査院の元調査官も、「安倍後援会の後援会員のように、まったく関係ない人物の招待は想定していない。」と明言していますし、別の会計検査委員関係者も次のように指摘しています（「しんぶん赤旗日曜版」２０１９年10月20日）。

「一般論として、開催要領や予算にもとづかない支出をした場合、会計検査委員が『改善の処置を要求』したり、税金が無駄になった『不当事項』に認定したりすることが考えられる。」「要領の人数や予算の範囲で招待するよう努めるのが当然です。毎年の大幅超過はおかしい。」「自分が担当調査官なら、招待者名簿を提出させ、『なぜ山口県の功労者が多いのか』と指摘するでしょう。日曜版の記事にあるように安倍事務所の人選による招待だと確認できれば、まさに『招待範囲外』となります。」

ところで、地方においては、例えば、首長が違法な公金支出を行えば、その返納を求める住民が監査請求、住民訴訟を提起することができます（地方自治法第２４２条、第２４２条の２）。しかし、国の場合、首相が違法支出をした場合にその違法支出分を国庫に返還するよう求める訴訟（国民訴訟）は制度上認められてはいません。

（６）刑法の背任罪（第２４７条）で刑事告発

「桜を見る会」は安倍首相の主催ですので、安倍首相は、そのための予算１７６６・６万円の枠内で、その「開催要領」の「招待範囲」を遵守し、適正にその業務を遂行する任務を負っていました。しかし、安倍首相は、その任務に違背し、「開催要領」の「招待範囲」を超える人物らを招待したため、予算を超えて支出がなされ、国に財産上の損害を与えました。予算超過額は２０１４年から２０１９年までを総計すると１億６３６０万２０００円で、それが国の損害額になります（２０１３年も予算超過があればその分国の損害額は増えます）。安倍首相は、この点で、「背任罪」（刑法第２４７条）に問われるべきです。ただし、２０１４年は公訴時効になっているので、２０１５年から19年までの予算超過額（国の損害額）は1億５１２１万５０００円になります（下記参照）。

そこで、私を含む全国の研究者13名は、今年1月14日、安倍首相を背任罪で東京地方検察庁特捜部に告発するために、代理人の弁護士とともに告発状を提出しました。

第2節　招待者名簿と一部の推薦者名簿の廃棄事件

（1）財政民主主義と政府の説明責任

国家の財政は国民の納税に基づいており国民生活を大きく左右します。国民主権主義を採用している日本国憲法は、国家の財政について1つの章（「第7章　財政」）を使って定め（財政立憲主義）、主権者国民の代表機関であり国権の最高機関である国会（第41条・第43条）を中心に国家財政を

2014年以降の「桜を見る会」の予算額、支出額、予算超過額

年月日	予算額	実際の公費支出額	予算超過額（国の財産上の損害額）	予算超過額（時効を考慮）
2014年4月12日	1766.6万円	3005.3万円	1238.7万円	時効
2015年4月18日	1766.6万円	3841.7万円	2075.1万円	2075.1万円
2016年4月9日	1766.6万円	4639.1万円	2872.5万円	2872.5万円
2017年4月15日	1766.6万円	4725.0万円	2958.4万円	2958.4万円
2018年4月21日	1766.6万円	5229.0万円	3462.4万円	3462.4万円
2019年4月13日	1766.6万円	5518.7万円	3752.1万円	3752.1万円
合計			1億6360.2万円	1億5121.5万円

決定するという立場（財政国会中心主義）を採っています。すなわち、「国の財政を処理する権限」は「国会の議決に基いて」行使するよう定め（第83条）、「国費を支出」するには「国会の議決に基くことを必要とする」とし（第85条）、「内閣は、毎会計年度の予算を作成し、国会に提出して、その審議を受け議決を経なければならない」と定めています（第86条）。これを財政民主主義といいます。

また、「国の収入支出の決算は、すべて毎年会計検査院がこれを検査し、内閣は、次の年度に、その検査報告とともに、これを国会に提出しなければならない。」（第90条第1項）、「内閣は、国会及び国民に対し、定期に、少くとも毎年一回、国の財政状況について報告しなければならない」と定められてもいます（第91条）。

つまり、日本国憲法によると、予算の執行について内閣は主権者国民と国会に対し説明する責任を課されているのです。

（2）公文書管理法と情報公開法

内閣がその説明責任を果たすために、政府は適法・適切な予算執行がなされたこと、言い換えれば違法・不適切な予算執行がなされかったことを証明するための重要な手段として予算執行に関する公文書を適正に保管し、いつでも国会や国民の疑問・質問に対し、その行政文書を公表するなどして適切・真摯に説明できるようにしなければなりません。

「公文書管理法」（公文書等の管理に関する法律）は「国及び独立行政法人等の諸活動や歴史的事実の記

録である公文書等が、健全な民主主義の根幹を支える国民共有の知的資源として、主権者である国民が主体的に利用し得るものであること」を考慮して「国民主権の理念にのっとり、公文書等の管理に関する基本的事項を定めること等により、行政文書等の適正な管理、歴史公文書等の適切な保存及び利用等を図り、もって行政が適正かつ効率的に運営されるようにする」とともに「国及び独立行政法人等の有するその諸活動を現在及び将来の国民に説明する責務が全うされるようにすること」を「目的」とする法律です。

また、「情報公開法」（行政機関の保有する情報の公開に関する法律）は「国民主権の理念にのっとり、行政文書の開示を請求する権利につき定めること等により、行政機関の保有する情報の一層の公開を図り、もって政府の有するその諸活動を国民に説明する責務が全うされるようにする」とともに「国民の的確な理解と批判の下にある公正で民主的な行政の推進に資すること」を「目的」とする法律です（第1条）。

つまり、両法律は国民主権の下で政府が「国民に説明する責務」を全うさせるための法律であり、民主主義に不可欠な法律なのです。したがって、日本国憲法を遵守する正常な政権であるならば、財政法違反の公金支出をしてないことを会計検査院や国会・国民に対し証明・説明する責任を全うするために公文書を残し説明を尽くすはずです。

（3）説明責任を放棄して招待者名簿を廃棄!?

安倍首相主催の「桜を見る会」では、その予算の範囲内で執行されたのか、「開催要項」における「招待者数1万人」の範囲内で招待がなされたのか、言い換えれば「招待範囲」に含まれない者を招待したのかどうかが重要な論点になります。したがって、毎年の招待者名簿を保存しておくことは適法・適正な予算執行を証明するために不可欠になります。元会計検査院関係者は、「招待者名簿などは参加者数の把握に必要です。」と指摘しています（「しんぶん赤旗日曜版」２０１９年10月20日）。

国民民主党の玉木雄一郎代表は２０１９年11月13日の記者会見で、首相主催の「桜を見る会」に関し、２０１０年４月に鳩山由紀夫政権で開催された際、同党が「党関係招待者検討チーム」を作り、選考基準を示し、そこでは情報公開請求があればリスト（招待者名簿）を公開する可能性があると明記していたそうです（「桜を見る会　民主党政権でも議員『推薦枠』　国民・玉木代表明かす」産経新聞２０１９年11月13日16時47分）。

ところが、安倍政権は、なんと２０１９年「桜を見る会」（４月13日）の招待者名簿を、電子データも含め、廃棄したと説明したというのです。２０１９年５月21日の衆院財務金融委員会で、日本共産党の宮本徹衆議院議員の質疑に対して、内閣府の井野靖久大臣官房長は「今年の資料も、すでに開催が終わったので破棄した」と述べました（「安倍首相主催『桜を見る会』招待者　数千人超過『資料は破棄』内閣府が答弁宮本議員追及」しんぶん赤旗２０１９年５月22日）。また、同年11月８日、内閣府の大塚幸寛官房長は「毎回、桜を見る会の終了をもって使用目的を終えるということもございますし、個人情報を含んだ膨大な量の文書を適切に管理する必要が生じることもございまして、従前から一連の書類につきましては、保存期間１年未満の文書として、終了後、遅滞なく廃棄する取り扱いとしているところでございます」と答えたのです（上西充子「桜を見る会、安倍政権のごまかし見破る６つの注意点　野党を批判している場合でない理由」全国新聞ネット２０１９年12月４日７時）。

（4）招待者名簿はどこかに残っているのではないか⁉

「桜を見る会」について2019年11月20日の衆議院内閣委員会で、政府は「連続して毎年同じ方が呼ばれるようなことは避けて欲しいとお願いしている」と答弁しており（宮本徹衆議院議員の「『桜を見る会』の招待者名簿等廃棄問題に関する質問主意書」2019年12月4日）、また、「各省庁への推薦依頼には、『原則として同一人が連続して招待を受けることのないよう配慮』することを記載しているものもある」との政府答弁書もあります（「衆議院議員宮本徹君提出『桜を見る会』の招待者名簿等廃棄問題に関する質問に対する答弁書」同年同月17日。同年11月21日の参議院内閣委員会での田村智子議員の発言）。さらに、今年1月8日の菅義偉官房長官の記者会見では、招待者の数が膨張し続けた理由について「過去に招待した方をお呼びしないのは難しいという場合もあったのではないか」などと答えたのです（「桜を見る会、招待者数膨張『過去の招待者、呼ばないのは難しい』8日午前の菅氏会見詳報」毎日新聞2020年1月8日 14時3分）。

ということは、それをチェックするためには、数年分の招待者名簿が保管されていなければならないはずです。小渕恵三内閣（1998~2000年）時代、当時の総理府（内閣府の前身）で「桜を見る会」を担当していた元官僚は、「名簿は少なくとも数年は残していました。同じ人を2年、3年連続で招待することがないようにするためです。人数は前年の実績が指標になるので、名簿を1年未満で廃棄することはありえない」と証言しています。当時から招待者の取りまとめは官房人事課が担当し、同課の職員が、同じ人に複数の招待状が送られることがないように名簿を繰り返しチェックしていたといいます（「『桜を見る会』招待者名簿　『廃棄1年未満ありえぬ』　元担当官僚が本紙に証言」しんぶん赤旗2019年11月16日）。

したがって、例えば2019年度以前の招待者名簿については、数年間（少なくとも翌2020年度）の招待者を決定するまでは保存しておかなければならないはずです。そうしなければ、2020年度の招待者を適正に決定できないからです。2020年度の「桜を見る会」は中止しましたが、2021年度は再開する方針なのですから、2019年度の招待者名簿は今でもどこかに保存されているのではないでしょうか。つまり、政府の「招待者名簿廃棄」答弁は虚偽ではないかと思えてなりません。

2019年12月17日の衆議院内閣委員会理事会で、内閣府の担当者は「桜を見る会」招待者名簿の電子データ廃棄の経緯について「これ以上のログ（記録）を調べる考えはない」し、区分番号「60」についても「これ以上調査する考えはない」と答え、これらの回答は「政務（の答弁）を踏まえた対応だ」と明言しました（「内閣府　ゼロ回答固執　『桜』疑惑　首相答弁など理由に　衆院委理事会」しんぶん赤旗2019年12月18日）。

東京新聞に開示された公文書の中には、2006年の「桜を見る会」に関し「招待者について、別添のとおり決定する」という内容の決裁文書もあり、当時の小泉純一郎首相や安倍晋三官房長官らの押印がありましたが、政府側は2019年の招待者名簿について、決裁はしておらず、すでに廃棄した、と説明しました（「桜を見る会　首相枠『60』示す公文書　05年分、本紙に開示」東京新聞2019年12月25日）。

しかし、政府が決済なしに招待状を送付することも「桜を見る会」を開催することもあり得ないことです。政府の説明は虚偽なのではないでしょうか⁉

（5）招待者名簿廃棄は宮本徹衆院議員の資料要求1時間余り後

政府は、前述したように、2019年度分の招待者名簿を廃棄したと言い張っているのですが、その廃棄は大型シュレッダーで行われたと説明しています。問題は、その廃棄時期です。

日本共産党の宮本徹衆議院議員が5月9日正午過ぎに、内閣府・内閣官房控室に対して、「桜を見る会」の2008年から2019年までの招待者数の推移や招待者の選考基準を明記した文書の写し、招待者が増加した理由の説明などの開示要求とともに、締切を「5月9日（木曜日）中」と伝えた直後だったのです（「『桜を見る会』資料要求当日に名簿廃棄　国会追及逃れか」しんぶん赤旗2019年11月16日）。というのは、11月14日の野党合同ヒアリングにおいて、内閣府人事課担当者は、同年5月9日午後1時20分から1時間25分かけて、内閣府地下一階にある大型シュレッダー室において「招待者名簿」の文書原本を、段ボール12箱分の資料とともに廃棄をしたと説明したからです。「5月9日午後1時20分」というのは、宮本徹議員から資料開示請求がされたわずか1時間あまり後でした。内閣府によると、本来、行事が終了して速やかに廃棄をするため、4月22日に廃棄を予定していたものの、大型シュレッダーが混み合っていたので、「4月22日に（使用）予約を入れた」結果、廃棄が5月9日になったと弁明しました（「野党が資料要求した1時間後に名簿細断開始　桜を見る会」朝日新聞2019年11月28日20時40分）。しかし、その「使用者記録表」等のどこにも、廃棄された文書が、安倍晋三首相主催「桜を見る会」の招待者名簿であるとは明記されてはいないのです。

立憲民主党の中谷一馬衆議院議員は、11月29日に提出した『桜を見る会』の招待者名簿に関する質問主意書」において、「政府は、招待者名簿の紙データを、野党議員が桜を見る会に関連する資料を要求した約1時間後の、2019年5月9日午後1時20分にシュレッダーにかけて廃棄をし、電子データについても『いつ消去したかは、分かりません。』と説明した。この状況は明らかに政府が都合の悪い情報を意図的に隠蔽していると疑われても仕方がないと考えるが、政府はどのように捉えているのか、所見を伺いたい。」と質問したところ、安倍内閣は12月10日の答弁書において、以下のように答弁しました。

「招待者名簿については、内閣府において、保存期間1年未満文書とされている上、これを全て保存すれば個人情報を含んだ膨大な量の文書を適切に管理するなどの必要が生ずることから、公文書等の管理に関する法律等の規定に基づき、『桜を見る会』の終了後遅滞なく廃棄する取扱いとしていたものであり、内閣府は、この取扱いにのっとって、平成31年4月22日、紙媒体の招待者名簿を廃棄するため、大型シュレッダーの同年5月9日の使用を予約し、同日に予定どおりこれを廃棄したものであって、『明らかに政府が都合の悪い情報を意図的に隠蔽していると疑われても仕方がない』との御指摘は当たらない。」

しかし、大型シュレッダーの使用については、政府が提出した資料では、大型連休前でも1時間半程度の「隙間がある」うえに5月7、9日の午前には使われた記録がないのです（「野党が資料要求した1時間後に名簿細断開始　桜を見る会」朝日新聞2019年11月28日20時40分）。したがって、予約したのが4月22日だったというのは、真実だったのか疑問が生じます。

一方、真実だとすると、それは2019年4月16日付「東京新聞」の記事「『桜を見る会』何のための会なのか…」が「招待者の氏名すら公表されないのだ」と報じ、「招待客の氏名」が「個人情報に当たる」

として公表されない理由につき実際に「桜を見る会」に来ているのが「首相の私設応援団のよう」だからだと専修大学の岡田憲治教授（政治学）のコメントを掲載したので、内閣府・内閣官房は、野党がこの点を追及し始め、国民が招待者名簿を情報公開請求することをおそれ、同月22日までに廃棄を命じたからではないでしょうか。

(6) バックアップデータがあったのに

また、コンピュータ内に保存された招待者名簿の電磁的記録についても、２０１９年5月9日頃に削除をしたと説明していましたが、同年12月2日の野党合同ヒアリングにおいて、電磁的記録の廃棄日について、内閣府担当者は、電磁的記録の廃棄を「5月7日から9日」に行ったと新たな説明をしました（宮本徹衆議院議員の『「桜を見る会」の招待者名簿等廃棄問題に関する質問主意書』２０１９年12月4日）。また、菅義偉官房長官も、12月3日午後の記者会見で、「桜を見る会」の招待者名簿を記録した電子データは「5月7日から9日の間に削除を行ったと思う」と説明しました（「菅長官　招待者名簿データ削除は『5月7~9日の間』」朝日新聞２０１９年12月3日22時21分）。

ところが、12月3日の野党合同ヒアリングにおいて、内閣府担当者は、削除した電磁的記録につき最大8週間はバックアップデータとしてとってあると説明したのです。つまり、バックアップデータは6月下旬まであったのです。しかし、同年5月21日の衆議院財務金融委員会における宮本徹議員からの質問に対する回答の際、担当者は「廃棄した」とのみ述べ、バックアップデータとして招待者名簿が残っていることについて一切言及しなかったのです（「『桜を見る会』名簿データ　『破棄』と答弁時はバックアップが残存」毎日新聞２０１９年12月３日 21時29分）。

また、菅義偉官房長官は12月４日の記者会見で、「桜を見る会」の招待者名簿を内閣府が「破棄した」と答弁した5月21日（衆院財務金融委員会）の時点で、バックアップデータが「最大８週間、残っていた」と認めましたが、なんと、バックアップデータは「行政文書に当たらない」と強弁しました。同日の参議院消費者特別委員会で、社民党の福島瑞穂議員の質問に対し、内閣府の大塚幸寛官房長は、バックアップデータについて「一般職員が直接アクセスできないような形でのデータは行政文書には当たらない」と答弁したのです。福島議員が電子データの廃棄について正確な記録（ログ）の解析を求めたのに対して、大塚官房長は「ログの解析などそれ以上の調査を行う必要はない」と開き直りました（「〝バックアップデータは行政文書に当たらない〟　菅官房長官やっき」しんぶん赤旗２０１９年12月5日、「バックアップデータは行政文書には該当しない」ＮＨＫ政治マガジン２０１９年12月５日）。

（7）公用文書等毀棄罪（刑法第２５８条）

以上が真実であれば、宮本徹衆議院議員が２０１９年5月9日に資料要求をした時点で、政府がその要求に真摯に応じていれば、「桜を見る会」の招待者名簿及びその電磁的記録は廃棄されずに残っていたはずです。また、たとえ廃棄されていたとしてもバックアップにより復元していれば、宮本議員の要求に応えることができたはずです。

にもかかわらず、廃棄が強行され、データのバックアップ復元もされていなかったのですから、「桜を見る会」の招待者名簿及びその電磁的記録を毀棄した者は、「公用文書等毀棄罪」に問われるべきです。

刑法第258条は「公務所の用に供する文書又は電磁的記録を毀棄した者は、3月以上7年以下の懲役に処する」と定めています。「公務所の用に供する文書又は電磁的記録」（「公用文書」）とは、公務所がその事務処理上保管している文書又は電磁的記録を指します。「その作成者、作成の目的等にかかわりなく、公務所において現に使用し、又は使用に供する目的で保管している文書を総称する」と理解されています（最高裁1963年（昭和38年）12月24日判決）。また、現に公務所の用に供する文書であれば、偽造文書、未完成文書でもよく、私文書、公文書を問わず、また私人の所有に属する文書でもかまわないのです。

「桜を見る会」の招待者名簿は、2019年5月当時、「公務所の用に供する文書又は電磁的記録」でした。というのは、前述したように「各省庁への推薦依頼には、『原則として同一人が連続して招待を受けることのないよう配慮』することを記載しているものもある」のですから、次年度の招待者を定めるためにも、招待者名簿を会が終了わずか1か月以内で廃棄すれば、業務の遂行が不可能となるのですから、次年度の招待者の招待状の発送がされるまでは明らかな利用が予定されていた行政文書だったのです。

また、2019年5月以降国会議員からの資料開示請求があり、公金の支出された行事として適正かどうかを検証するため国会議員から提出を求められたという具体的な使用目的も存在していましたので、「桜を見る会」の招待者名簿が公用文書であることは明白です。

大塚幸寛内閣府官房長は、保管期間が1年以内であることを理由に廃棄を正当化していますが、保存期間を1年未満に改訂された2019年10月28日までは、保存期間は3年又は1年の文書であり、国会議員が資料要求した２０１９年５月の時点で招待者名簿は「現に使用し、又は使用に供する目的で保管している公用文書」であることは明白です。

また、電磁的記録及び文書廃棄後にサーバー内に残存していたバックアップデータも、「その作成者、作成の目的等にかかわりなく、公務所において現に使用し、又は使用に供する目的で保管している文書を総称する」公用文書です。バックアップデータは、文書原本ないし電磁的記録が廃棄されたときのために、予備として一定期間保管するためのデータですから、「現に使用に供する目的で保管している公用文書」に該当します。国会議員が国政調査権を行使するため、資料の開示を請求した段階で、かりに２０１９年５月９日以降同月21日の回答時点でも現に使用に供する目的があったのですから、公用文書であることは否定できません。

ですから、「桜を見る会」の招待者名簿および電磁的記録を廃棄した者は、刑法の公用文書等毀棄罪（第２５８条）に問われるべきなのです。

⑻「政治枠」の名簿を除く推薦者名簿の黒塗り公開

野党の「首相主催『桜を見る会』追及チーム」が２０１９年11月18日に行った省庁へのヒアリングで、安倍晋三首相主催の「桜を見る会」参加者の推薦人名簿について、内閣官房担当者は、首相の推薦が含まれる部局（内閣官房内閣総務官室）だけが、文書保存期間を１年未満として破棄していたこと（一方、内閣府内の部局は１年以上の保存期間）を明らかにしました（「首相推薦人のみ破棄　合同ヒアリングで野党追及」しんぶん赤旗2019年11月19日)。

11月22日、各省庁では、「桜を見る会」の推薦者名簿は5年や10年などの保存期間が定められているため、政府は、省庁など23機関が2019年4月に開催された首相主催の「桜を見る会」招待者として推薦した3954人分の名簿(推薦者名簿)を参議院予算委員会の理事懇談会に提出しましたが、「首相枠」で推薦された約1000人や「自民党枠」の約6000人などの「政治枠」の名簿は廃棄済みとして公表されませんでした(「桜を見る会　各省推薦名簿を開示　民間人は黒塗り　内閣府『首相枠、自民党枠は廃棄済み』」毎日新聞2019年11月22日 21時37分)。

なぜ、各省庁推薦名簿は保存されているのに、「政治枠」の名簿は廃棄されたのか、まったく整合性がありません。政治的判断がなされた結果としか思えません。

私は招待者名簿と同様「政治枠」の推薦者名簿も廃棄されてはいないと思っています。というのは、「各省庁等担当者」に対する内閣府大臣官房人事課の文書『「桜を見る会」招待者の推薦について(依頼)』には、「原則として同一人が連続して招待を受けることのないよう配慮願いします。」と明記されていたので、「政治枠」にも妥当するなら推薦名簿を廃棄したら「配慮」できないからです。

公表された推薦者名簿の人数の内訳は、外務省が各国の駐日大使などを含む891人、内閣府584人、文部科学省546人など。「公務員」「功績者」「特別」などに分類され、氏名と役職の記載欄がありましたが、氏名や肩書は、「功績者」の大半と「特別」の全てが、それぞれ黒塗りされていました。

日本共産党の山添拓参議院議員は1月30日の参議院予算委員会で、内閣府が各省に同会招待者の名簿提出を依頼した事務連絡文書に、情報公開法に基づき「(名簿は)開示請求の対象とされたことがありますので、この点を念頭に置かれた上で推薦されますようお願いします」と記されていたこと、また、参院自民党が改選議員あてに、招待者の申し込みを案内した文書に「名簿全体を公開されることもあります」と記載されていることを示しました。同議員がその趣旨を内閣官房から首相官邸などに伝えたかをただしたところ大西証史内閣審議官は「事務的に伝えた」「総理、副総理、官房長官、副長官、それぞれの事務所に推薦依頼をしていますので、それは同様（伝えた）と考えています」と答弁しましたし、また、内閣府の大塚幸寛大臣官房長は、情報公開請求があった場合に「開示の対象になる場合もある」と認めました（「田村議員、山添議員『桜』追及　参院予算委」しんぶん赤旗2020年1月31日）。

（9）復元できる！

ところで、「桜を見る会」の招待者名簿の削除されたデータは復元できるのか、という論点もあります。これにつき、安倍首相は12月2日の参議院本会議で、「内閣府が採用しているシステムは個々の端末ではなくサーバーでデータ保存するシンクライアント方式で、端末にデータは保存されていない。サーバーのデータを廃棄後、バックアップデータの保管期間をおいた後は、復元は不可能との報告を受けている」と答弁したのです（「シンクライアントが話題に　桜を見る会名簿、復元無理？」朝日新聞2019年12月3日21時07分）。

しかし、情報セキュリティーコンサルタントの増田和紀氏は、「そんなばかなことはありえません。シンクライアント方式だからこそ、データは『端末』ではなく、確実にサーバーに保存され、バックアップ

（予備データの保存）や作業記録も確実に残っているはずです」などと説明し、安倍首相の弁明を否定しています（「『桜』名簿データ　『復元不可能』本当か　情報セキュリティーコンサルタント　増田和紀氏に聞く」しんぶん赤旗2019年12月5日）。

したがって、安倍政権は、説明責任を果たすために、復元した招待者名簿や招待者名簿を一刻も早く国会と国民に公開すべきです。その際には、招待者の氏名などは公表すべきです。

⑽「招待者名簿」「推薦者名簿」の情報公開請求とその結果

私は、「安倍晋三内閣総理大臣主催『桜を見る会』招待者名簿」について内閣府と内閣官房に対し情報公開請求しました。ここでは内閣府への請求とその結果を紹介します。

まず、昨2019年11月13日、内閣府（内閣府大臣官房長宛て）に対し請求したところ、内閣府大臣官房長から、12月13日付の通知で、開示決定期限を延長する旨、連絡を受けたので開示を受けられると期待したのですが、12月23日付通知で「安倍晋三内閣総理大臣主催『桜を見る会』招待者名簿」については「存在を確認できず、保有していない」つまり不存在だとして不開示決定してきました。

また、内閣府、内閣官房および財務省の各「推薦者名簿」についても情報公開請求しました。そのうちの内閣官房への請求とその結果を紹介します。

内閣官房への請求については補正の要求を受け、「内閣官房総務官室」に変更し、さらに、内閣官房内の「国家安全保障局」「人事政策統括官室」「内閣サイバーセキュリティセンター」「内閣情報官室」「内閣広報官室」「内閣官房副長官補（内政担当・外政担当）」「内閣官房副長官補（事態対処・危機管理担当）」に対し追加の情報公開請求を行いました。

そのうち、不開示決定を受けたのは、「内閣官房総務官室」と「内閣広報官室」の各推薦者名簿でした。

すなわち‥

まず、今年1月20日、内閣官房（内閣総務官宛て）に対し、「安倍晋三内閣総理大臣主催『桜を見る会』の内閣官房推薦者名簿」を情報公開請求したところ、1月27日付で「内閣官房総務官室推薦者名簿」であるとの補正を受け、2月18日付連絡で3月27日まで開示期限を延長するとの連絡を受けましたが、3月17日付通知で「既に保存期間が経過し廃棄しており、保有していないため（不存在）」との理由で不開示決定を受けました。

また、私は1月27日、内閣広報官室（内閣広報官宛て）に対し、「安倍晋三内閣総理大臣主催『桜を見る会』の内閣広報室推薦者名簿」を情報公開請求しました。2月19日付通知で「既に保存期間が経過し廃棄しており、保有していないため。（不存在）」との理由で不開示決定を受けました。

要するに、内閣府は「推薦者名簿」を不存在であるとして不開示処分にし、内閣官房内のうち、「内閣官房総務官室推薦者名簿」と「内閣広報官室推薦者名簿」だけが廃棄したので不存在だとして不開示決定にしたのです。

前述したように「内閣官房総務官室推薦者名簿」には、安倍首相らの推薦者、つまり、招待される資格のない者らの氏名等が掲載されていたと思われます。本当に保有されていないのかについては、すでに指摘したように極めて疑問ですが、少なくとも国民との関係では証拠隠滅を図ったことになります。

私が情報公開請求して驚いたのは、内閣広報官室の推薦者名簿が廃棄され不存在だとして不開示にされたことです。おそらくマスコミ関係者が推薦されているかと推測されますが、それが明らかになることを恐れたというのは、如何に不公平に推薦がなされているのかを知られたくなかったのではないかと思えてなりません。

第3節 「前夜祭」規正法・公選法違反刑事告発と裏金疑惑

(1)「桜を見る会」とセットだった「前夜祭」

政治団体である「安倍晋三後援会」(以下「後援会」)は、2013年から7年連続で、いわゆる「前夜祭」を開催してきました。「懇親会」とも「夕食会」とも呼ばれ、全て「桜を見る会」の前夜に東京都内の高級ホテルにおいて催されてきました。

「後援会」は政治団体としての届け出を山口県選挙管理員会に行っています。活動地域を山口県内に限定しているからです。山口県のほか東京都でも活動するのであれば総務大臣に届け出しなければなりませんが、そうしてはいません。にもかかわらず、2013年以降2019年まで毎年「前夜祭」を東京のホテル、それも高級ホテルで開催してきたのです。

安倍総理主催の「桜を見る会」については、すでに紹介しましたが、その出席者の中に、「後援会」の会員ら800名〜850名も含まれていました。これは、毎年、「安倍事務所」が、都内観光や「前夜祭」という「後援会」の行事とセットにして、国の行事である「桜を見る会」への参加を後援会員に無差別に呼びかけ、応募してきた後援会員やその家族、知人らがほぼ全員「桜を見る会」に招待されるというシステムによるものでした。

したがって、何ら「各界の代表者」でも「功労・功績のあった者」でもない後援会員らが、国費によって「各界の代表者」らと共に、無償で酒食・飲食の提供を受け、安倍首相や有名芸能人らと共に写真撮影の機会も与えられるなどの特権的な扱いを受けてきたのであり、公的行事や国家予算の私物化の結果でした。

そのうえ、「桜を見る会」の招待者名簿はシュレッダーにかけて廃棄されたと政府は答弁し、データも残っていないなどと強弁しました。つまり、一切の検証作業を拒む姿勢を取り続けており、「前夜祭」の参加者の氏名等も不明のままです。

「前夜祭」は政治団体である「後援会」の主催の行事であるにもかかわらず、2013年分から2018年分までの「後援会」の各政治資金収支報告書には、その収入及び支出が、一切記載されていないのです（なお、2019年分は、今年の5月までに作成および提出され、今年11月に公表されます）。これは、政治資金規正法違反の不記載罪になります。もう少し詳しく解説しましょう。

(2) 2018年「前夜祭」支出の不記載

2018年の「前夜祭」には、少なくとも約800名の後援会員らが参加したようです。「前夜祭」の契約主体は、一方が宴会場を営む法人である「ホテルニューオータニ東京」(以下「ホテル」と記すときあり)であり、もう一方が「前夜祭」の主催者である「後援会」であり、この両者間で、宴会を内容とするサービス契約に基づき開催されたのが「前夜祭」です。したがって、「後援会」から「ホテル」に対して支払われた宴会代金は「後援会」の「支出」に該当し、参加者から徴収した参加費の合計額は「後援会」の「収入」に該当します。

ところが、安倍首相は、「ホテル」と契約を締結した者が誰かという問題につき、今年1月31日の衆議院予算委員会において、「前夜祭」の参加者が当日、各自5000円を「ホテル」に対して支払っているから、「ホテル」との契約主体は個々の参加者であって「後援会」ではないと答弁しました(なお、この答弁は2019年4月12日に開催された「前夜祭」に関する答弁ですが、2018年の「前夜祭」は同一の宴会場において同一の形式で行われているので、安倍首相は2018年の「前夜祭」についても同一の認識を示したものと言えます)。

しかし、宴会の契約主体が個々の参加者であるとの弁明は、法解釈として成り立ち得ないのです。というのは、『桜を見る会』を追及する法律家の会」が入手した、あるパーティー主催者と「ホテルニューオータニ東京」との「確認書」には、両者が署名押印しており、開催日、会場、時間が明記され、見積額をパーティー実施の1か月前までに支払うことが約束されており、これは契約書です。また、「宴会・催事規約」には、宴会時間と追加室料、有料人数の確認（開催日前の最終平日の午前中に最終決定数を連絡すること、上記期限を過ぎて出席者が減少しても、最終決定数で請求すること）、前受金、取消料・期日変更料、装飾・余興等の手配、禁止事項、損害賠償等の詳細が定められています。さらに、「見積書」は、参加人数が異なる2種類が作成され、それぞれ、料理、飲物、室料、装花料、コンパニオン料などの数量及び単価、1名平均単価、総合計額が明記されています。

こうした事前の契約なくして、「ホテル」が「前夜祭」を準備できるはずがありません。また、個々の参加者が、最終人数の連絡や、欠員が出た場合の代金の補填、取消料の支払などの契約上の義務の履行ができるはずもありません。したがって、「前夜祭」の契約主体は「後援会」であり、「後援会」が事前に「ホテル」と宴会契約を締結し、宴会代金の支払義務その他の契約上の義務を負い、代金を支払ったと考えるほかないのです。

（3）収入も不記載

また、安倍首相は、「前夜祭」の参加費の「集金」について、会場の入り口の受付で安倍事務所職員が1人5000円を集金し、ホテル名義の領収証をその場で手交し、受付終了後、集金した全ての現金をその場でホテル側に渡したと繰り返し述べています（2019年11月15日首相官邸ホームページ、2020年衆議院予算委員会1月27日、同月31日、2月3日、同月4日等）。すなわち「安倍事務所」が参加者から1

人5000円の参加費を「集金」していたことを認めているのです。「安倍事務所」職員が集金した、「後援会」行事である「前夜祭」の参加費は、「後援会」の「事業による収入」に他なりません。それゆえ、徴収した参加費は、前述の「支出」とともに、「後援会」の政治資金収支報告書への記載義務のある「収入」であることは明らかです。

この点、安倍首相は、2020年1月31日の衆議院予算委員会において、ホテル名義の領収証が交付されたことをもって参加者本人とホテルとの関係において支払がなされたと答弁していました。しかし、安倍首相は、領収証はホテル側があらかじめ金額、日付、摘要を手書きで書いて安倍事務所に渡していたもので、「宛名は空欄だった」と述べていますが、そもそも「ホテルニューオータニ東京」のような一流ホテルが、宛名が空欄の領収証を安倍事務所の職員に事前に渡したとは考えられません。実際、いまだに、個々の参加者に発行されたという「ホテルニューオータニ東京」名義の領収証は1通も国会に提出されておらず、かかる領収証が発行されたことを裏付ける証拠はまったくないのです。

仮に上記5000円の領収証を「ホテル」が発行していたとしても、前述のとおり、宴会代金の支払義務を負うのは「後援会」ですから、本来は「後援会」が個々の参加者に対して5000円の領収証を発行すべきであり、「ホテル」が「後援会」の便宜を計り、「後援会」に代わって個々の参加者らに対し、領収証を発行したものとしか考えられないのです。

したがって、「前夜祭」の契約主体は「後援会」であると断定できます。「個々の参加者が契約主体である」との安倍首相の弁明は、「後援会」の政治資金収支報告書に収支を記載しなかったことを正当化するための稚拙な詭弁です。「前夜祭」にかかる宴会代金の収支は、「後援会」の「収入」と「支出」として、それぞれ「声雲海」の政治資金収支報告書の「収入」欄と「支出」欄にそれぞれ記載すべきものであり、これらを記載しなかったことは政治資金規正法に違反する不記載罪になるのです（第25条第1項第2号）。

（4）不記載理由は公選法違反の隠蔽のため

過去7回の「前夜祭」において参加者1人あたりの参加費は全て5000円であったとされていますが、会場となった「ANAインターコンチネンタルホテル」も「ホテルニューオータニ東京」も、国内有数の一流ホテルであり、これら会場におけるパーティーの1人あたり単価は最低でも1万1000円であるとされているのです。その差額はどのように賄われたのでしょうか。

安倍首相は、ホテルが作成している「前夜祭」の見積書や明細書の国会への提出を頑なに拒否しています。「後援会」の政治資金収支報告書への不記載は、上記差額にまつわる違法行為を隠蔽する目的ではないでしょうか。

そもそも「前夜祭」当日の個々の参加者から徴収する1人5000円の参加費と「ホテル」に対して支払う宴会代金との間に齟齬が生じることは当然にあり得ます。例えば「宴会・催事規約」では、前述のとおり、「後援会」が開催日前の最終平日の午前中に出席者の最終決定数をホテル側に連絡することになっていますので、その期限を過ぎて出席者が減少しても宴会代金は最終決定数で請求するとされていますから、仮に1人5000円でちょうど宴会代金総額を満たすと計算していても、当日になって参加者が減少した場合の補填は「後援会」が行わなくてはなりません。この補填は、後日、「安倍事務所」の関係者が行っているはずであり、その補填を裏付ける請求書や領収証は発行されているはずです。

通常、「ホテル」において宴会と同程度の規模の宴会を行う場合、参加者1人あたりの単価は、前述したように、最低でも1万1000円と言われています。ところが、「前夜祭」において、「後援会」は、参加者から1人あたり5000円しか徴収していないのです。したがって、「後援会」は、安倍首相の選挙区内にある約800名の後援会員に対し、参加者1人あたり少なくとも6000円相当の酒食を無償で提供して寄附したことになり、これは公職選挙法の禁止する寄附になります（第199条の5第1項）。

「前夜祭」に参加した後援会員らは1人5000円しか負担していないのに、「ホテルニューオータニ東京」という高級ホテルの豪華な会場において1万1000円以上の酒食を供されたとなると、「後援会」は最低でも6000円相当額の無償の酒食の提供を後援会員に供与したことになります。規料金との差額（6000円×800名＝480万円）は契約主体である「後援会」が補填して「ホテル」に支払ったと考えるのが最も常識的です。その差額相当額の酒食の提供が後援会員に対する「寄附」に該当することは明らかです。

（5）安倍首相の弁明でも違法

これに関して、安倍首相は次のように答弁しています。

「夕食会の価格設定が安すぎるのではないかとの指摘がございます。そういう報道もありますが、参加者1人5000円という可否については、まさに大多数が当該ホテルの宿泊者であるという事情等を踏まえ、ホテル側が設定した価格である」（2019年11月15日首相官邸ホームページ）、「何回も使って信用のできる方と一見の方とでは、商売においては当然違う」（2020年1月27日衆議院予算委員会）。すなわち、1人5000円の参加費が通常より「安すぎる」ことを認めた上で、「ホテル」が格別の値引きをしたとし、これで6000円相当額の無償の酒食を供与したことにつき違法性の問題は発生しないかのごとき主張をしているのです。

しかし、安倍首相の以上の弁明内容のとおり仮に「ホテル」側が値引きをした場合であっても、「後援会」が後援会員に「寄附」をしたことを否定することはできません。

公職選挙法によると、「寄附」とは「金銭、物品その他の財産上の利益の供与又は交付、その供与又は交付の約束」を指します（同法第179条2項）。したがって、「後援会」が「ホテル」側と値引き交渉を行った結果、「ホテル」側が「一見《いちげん》」の客ではないとして大幅な値引きに応じたなど、「後援会」が「ホテル」側に差額を支払っていなかった場合であっても、「後援会」は参加者に対し、通常料金との差額最低6000円相当額の酒食を無償で提供したことになり、これも「金銭、物品その他の財産上の利益の供与又は交付」に他なりませんから、公職選挙法の禁止する「寄附」に該当することは明らかなのです。

（6）安倍首相と「後援会」は一体である

安倍首相の政治団体としては、前述の「後援会」のほか、「自由民主党山口県第4選挙区支部」（以下「第4選挙区支部」）、「山口晋友会」、「山口政経研究会」、「東京政経研究会」、「晋和会」の計6団体がありますが、資金管理団体である「晋和会」以外の5団体の住所は全て「山口県下関市東大和町」の同じ所在地であり、これら5団体の事務全体を取りしきる事務所が「安倍事務所」で、連絡の電話番号も全く同じです。

そして、2018年分政治資金収支報告書及び自民党山口県支部連合会のホームページによれば、「第4選挙区支部」及び「晋和会」の代表は安倍首相であり、「後援会」の代表者Aは、「山口晋友会」及び「山口政経研究会」の代表者でもあり、「自由民主党山口県第4選挙区支部」の事務局長兼会計責任者、「山口晋友会」の会計責任者、「東京政経研究会」の事務担当者です。つまり、「第4選挙区支部」と「後援会」は事務所を同じくし、前者の代表である安倍首相と、その事務局長・会計責任者兼後援会の代表であるAは、明らかに雇用者と被用者、上司と部下の関係にあります。また、「人件費」の支出があるのは、東京の資金管理団体「晋和会」と地元の政党支部「第4選挙区支部」だけです。地元の「後援会」は人件費の支出がありません。この点でも「後援会」は「第4選挙区支部」に依存しています。

したがって、「第4選挙区支部」と「後援会」は、実質的には一体のものであり、「後援会」の実質的な代表者は安倍首相であると言っても過言ではありません。「後援会」と「第4選挙区支部」の一体性は、前述のとおり、国の行事である「桜を見る会」の参加募集と、後援会行事である都内観光、前夜祭、航空券等及び宿泊申込の案内が、差出人を「安倍事務所」とする同一の書面で、後援会会員らに再三発送されていることからも明らかです。

このように両団体が一体のものであり、安倍首相とAが上司と部下の関係にある以上、Aは「後援会」を運営するにあたり、その重要な部分について安倍首相に報告、相談し、安倍首相の判断、決定を得た上で行動しているとしか考えられません。

以上のことを考慮して、私を含む弁護士・法律家は、「後援会」の形式的な代表者A及びその会計責任者Bのほか、安倍首相も、前記政治資金規正法違反及び公職選挙法違反の共犯として刑事告発するために5月21日に告発状を東京地検特捜部に提出したのです。

（7）「前夜祭」の第一次刑事告発へ

今年2月13日木曜日の正午、参議院議員会館B104号集会室で「『桜を見る会』を追及する法律家の会」結成総会が開催されました。同会による安倍首相らの法的責任追及の動きは、新型コロナの影響もあり足踏み状態でしたが、その間に「呼びかけ人」は219名に増え、賛同者は110名に達しました。

同会は、後述する検察庁法改悪案の審議状況も睨みながら、「安倍晋三後援会」主催の2018年4月開催の「前夜祭」につき政治資金規正法違反（収支の不記載罪）および公職選挙法違反（選挙区の者への違法な寄付罪）で安倍首相らの刑事告発に向けて、優秀な弁護士の方々が中心になり告発状の起案・確定作業を行い、4月下旬から5月上旬にかけて全国の弁護士・研究者に対し、①確定した告発状と②告発人になってもらうことをお願いする文書を送付する等、具体的に動き出したのです。そして告発状の提出は5月21日と決めました。

事前報道がなされました。共同通信は、全国の弁護士や法学者が5月21日にも、公選法違反（寄付行為）などの疑いで首相と後援会幹部の計3人の告発状を東京地検特捜部に提出すること、告発人は弁護士、法学者ら500人以上となる見込みだとの記事を配信しました（「『桜』巡り首相らの告発状提出へ　全国の弁護士ら500人以上」共同通信2020年5月15日21時8分）。また、朝日新聞も500人以上の弁護士や法学者らが、公職選挙法と政治資金規正法違反の疑いで、首相と後援会幹部の計3人の告発状を東京地検に提出すると報道しました（「桜を見る会巡り首相を刑事告発へ　弁護士ら500人以上」朝日新聞2020年5月16日11時51分）。

5月21日、弁護士数名が、安倍総理らを政治資金規正法違反と公職選挙法違反の容疑で告発するために、弁護士・法律家662名の告発状を東京地検特捜部に提出しました。これは第一次告発です。

告発容疑の政治資金規正法違反は、政治資金収支報告書に「前夜祭」の収入と支出（収支）を記載しなかった罪であり、「記載をしなかった者」は「5年以下の禁錮又は100万円以下の罰金」に処され（第25条第1項第2号）、また、同じく公職選挙法違反は、同法が禁止している「後援団体」の「選挙区内にある者」への寄附であり（第199条の5第1項）、「後援団体の役職員又は構成員として当該違反行為をした者」は、「50万円以下の罰金」に処されます（第249条の5第1項）。

「安倍晋三後援会」は、「政党その他の団体又はその支部で、特定の公職の候補者若しくは公職の候補者となろうとする者（公職にある者を含む。）の政治上の主義若しくは施策を支持し、又は特定の公職の候補者若しくは公職の候補者となろうとする者（公職にある者を含む。）を推薦し、若しくは支持することがその政治活動のうち主たるものであるもの」であり、公選法上の「後援団体」に該当します。

8月6日には、第一次告発の締切に間に合わなかった弁護士・法律家279名が第二次告発を行いました（第一次告発と合計すると941名）。なお、2019年の「前夜祭」については、「後援会」の同年分政治資金収支報告書にその収支が記載されていないことを確認して刑事告発を検討することになります。

（8）安倍首相の墓穴を掘る虚偽弁明

以上の論述においては、2018年「前夜祭」は同年4月20日に開催されており、その1か月前にホテルニューオータニ東京（以下「ホテル」）には支払いがなされているはずであること、そのとき「ホテル」の宴会代金が最低でも一人1万1000円なのに、「前夜祭」参加費を一人5000円しか徴収していなければ、「安倍晋三後援会」は一人につき6000円を後援会参加者に寄附したことになると指摘しました。

「前夜祭」参加者は最低800人だったとしても宴会代金だけでも支出合計額は最低880万円になり、一人5000円しか徴収しなければ収入合計額は400万円、その差額は480万円になり、赤字になります。

そこで、ある重大なことに気づきます。それは、赤字になった差額の480万円は誰が補填したのか、と。

安倍晋三総理・総裁は、「安倍晋三後援会」主催「前夜祭」の宴会料金につき、「一人5000円はホテル側が設定した」旨、弁明しました。

「夕食会の価格設定が安すぎるのではないかという指摘がございます。そういう報道もありますが、参加者1人5千円という可否については、まさに大多数が当該ホテルの宿泊者である、という事情等を踏まえ、ホテル側が設定した価格である、との報告を受けております。」（「桜を見る会　安倍首相の説明詳報（1）『費用は参加者の自己負担』」産経新聞2019年11月15日19時17分）

この弁明で重要なことは、「ホテル」側が「一人5000円に相応する飲食費を提供する」と説明していないことです。言い換えれば、「ホテル」側が高額な飲食費を値引きして飲食の提供をすると説明されているのです。

しかし、この説明は不可解ですし、整合性もありません。というのは、第一に、安倍事務所は参加者数が不確定の時点で「一人5000円」と明記して後援会員に対し参加募集の案内を送付しています。また、それに基づき、800名を超える後援会員のツアーを旅行会社に持ち掛けていますので、旅費と宿泊費については団体割引等で一定の値引きをしているでしょうから、さらに「前夜祭」の飲食費を「ホテル」が値引きすることは通常あり得ないと思われるからです。もしそうするのであれば、初めから、旅費と宿泊費に加えて「前夜祭」の飲食費も一緒にした料金を設定したコースを設けたうえで、安倍事務所は後援会員に案内していたはずです。

第二に、「ホテル」に宿泊しない後援会員で「前夜祭」に参加した者もあるはずで、宿泊していない者に飲食費を値引きするのは安倍首相の弁明する「ホテル」の料金設定と整合性がなくなります。例えば2015年の場合、「前夜祭（夕食会）」の参加者が宿泊したホテルと「前夜祭（夕食会）」の開催ホテルは同じではなく別でした（「夕食会参加者、宿泊先は別『大多数』首相説明に疑問」共同通信社2019年11月19日21時20分）。安倍事務所名でツアー参加者に配られた注意文書には、当日の移動用バスについて〈宿泊先ホテル（全日空ホテルもしくはホテルオークラ東京）の出発時間が7時になります〉と記載され、前夜祭・夕食会の会場となったホテルニューオータニは含まれておらず、前夜祭の会場と宿泊先のホテルが異なっていたのです。参加者のひとりは、共同通信の取材にニューオータニには宿泊していないと証言し、「ツアーバスは計10台ほどで、オークラ発が2、3台、残りはANAだった」と振り返ったというのです（「夕食会参加者「別のホテルに宿泊」首相弁明に新たな墓穴」日刊ゲンダイ2019年11月20日14時50分）。

安倍晋三首相は昨年11月20日の参議院本会議で、2015年分については、地元から募ったツアー参加者の宿泊先と、夕食会会場が異なることが発覚したことを受けて理由を問われ、「15年に限っては、多くの参加者が宿泊することが予定されていたホテルにおいて、事務的な手違いにより会場が確保できないことが分かり、急きょ別のホテルに変更したという事情があったと聞いている」と弁明しました（「安倍首相、夕食会と違う宿泊先は『ホテルの手違い』」日刊スポーツ2019年11月20日12時33分）。

しかし、「前夜祭」の会場を「急きょ」別のホテルに変更した場合、「前夜祭」参加者が支払う会費と飲食代との間に生じる差額（「前夜祭」の会費一人5000円では不足する飲食代金）を「事務的な手違い」をした「宿泊することが予定されていたホテル」が自ら負担した、あるいは負担を強いられたのではないかという疑念が生じ、その場合には、別の法的問題が生じてしまいます。

（9）安倍首相の弁明における法的問題

この法的問題は、2015年の場合に限定されません。安倍首相の「一人5000円はホテル側が設定した」旨の弁明においても生じます。「一人5000円」にする値引きは高級ホテルでは通常考えられないほどの高額な値引きになりますので、ありえないことですが、もしそれがもし真実であれば法的問題が生じてしまいます。

政治資金規正法は、「寄附」とは「金銭、物品その他の財産上の利益の供与又は交付」で、「党費又は会費その他債務の履行としてされるもの以外のもの」をいうと定義し（第４条第３項）、また、「会社、労働組合（……）、職員団体（……）その他の団体は、政党及び政治資金団体以外の者に対しては、政治活動に関する寄附をしてはならない。」と定めています（第21条第１項）。つまり、いわゆる企業の政治献金（企業献金）については原則禁止されており、例外として企業献金が許容されるのは、政党および政治資金団体に行う場合だけです（「政治資金団体」とは、「政党のために資金上の援助をする目的を有する団体」で、政党が政治資金団体として指定した政治団体です（第５条第１項第２号、第６条の２第１項））。また、「何人も」原則禁止されている企業献金を受けてはならない」と定められてもいるのです（第22条の２）。そして、この禁止されている寄付を行った会社（団体にあつては、その役職員又は構成員として当該違反行為をした者）も、その違法寄付を受領した公職の候補者や政治団体（同前）も、「１年以下の禁錮又は50万円以下の罰金に処する」と定められています（第26条）。

以上の定めによると、高額な値引きがホテル側により自主的に行われたとしても、それは「財産上の利益の供与」であり、これも政治資金規正法では「寄附」になり、値引きした差額分はホテルが「安倍晋三後援会」への寄付をしたことになってしまいますが、ホテル（会社）は政党（および政治資金団体）には寄付できるものの、それ以外の政治団体や個人（公職の候補者）には寄付できませんし、政治団体も会社からの寄付を受けられないからです。

つまり、高額な値引きは、政治資金規正法の禁止している企業献金の供与とその受領になるのです。したがって、寄付したホテル側も寄付を受領した「安倍晋三後援会」側も処罰されてしまいます（第26条）。

以上の点は、赤字額が不明な２０１３年〜17年「前夜祭」についても同様に妥当します（ただし公訴時効のものがあります)。

もしも「後援会」が「ホテル」側に以上のような高額値引きによる企業の違法献金を勧誘または要求したのであれば、これも政治資金規正法違反で処罰の対象になります。というのは、同法は、「何人も、会社、労働組合、職員団体その他の団体(政治団体を除く。)に対して、政治活動に関する寄附(政党及び政治資金団体に対するものを除く。)をすることを勧誘し、又は要求してはならない。」と定め(第21条第3項)、「第21条第3項の規定に違反して寄附をすることを勧誘し、又は要求した者」も、「1年以下の禁錮又は50万円以下の罰金に処する。」と定めているからです(第26条)。

この場合には、それ以上に政治的には大問題になります。首相・国会議員の地位を悪用して、企業に違法献金を勧誘または要求し、破格の違法献金を受領したのですから。

(10) 赤字を補填したのは安倍首相側!

以上は2018年「前夜祭」における収入と支出の差額480万円を負担したのが「ホテル」の場合ですが、安倍首相側であった可能性もあります。実はこの可能性の方が高いかもしれません。この場合、政治資金収支報告書に記載されていない裏金による補填が行われたことになります。安倍首相側といっても、「前夜祭」を主催した「安倍晋三後援会」など、安倍首相の政治団体・政党支部の可能性と安倍首相・議員個人の可能性があります。

「安倍晋三後援会」など政治団体が補填していたとすれば、「ホテル」への支払いという支出だけではなく、その分の裏金収入についても、政治資金収支報告書に記載していないことになるので、これは、政治資金規正法違反の不記載罪に問われます。

では次に、安倍首相・議員個人が補填している可能性を具体的に考えてみましょう。まず、衆参の国会議員には、税金が原資の「文書通信交通滞在費」が毎月100万円交付されており、年間で1200万円になります。これも補填の原資だった可能性があります。「文書通信交通滞在費」は政治活動には使えませんので、「前夜祭」のために支出していれば目的外支出で違法です。

別の可能性もあります。同じく税金が原資の「内閣官房報償費」は、その使途が公表されていないので「機密費」と呼ばれ、近年では年間約12億円が支出されてきました。これについては、内閣官房長官が出納管理し、必ずしも領収書を徴する必要があるわけではない「政策推進費」のほか、事務補助者が出納管理する「調査情報対策費」「活動関係費」があること、そのうち、その支出全体の9割が「政策推進費」だったことが明らかになっていますが、内閣官房長官が従来、自民党のために流用している等、目的外支出をしていたとの疑惑があります（詳細については、上脇博之『内閣官房長官の裏金　機密費の扉をこじ開けた4183日の闘い』日本機関紙出版センター、2018年）。

1998年7月から1年余り小渕恵三内閣で官房長官を務めた野中広務氏（故人）は、「総理の部屋に月1000万円」運んでいたことを証言していました（「官房機密費、毎月5千万～7千万円使った」朝日新聞2010年4月30日21時42分）。

かりに現在も菅官房長官が安倍首相に「機密費」を「月1000万円」渡していたとすれば、その「機密費」が補填の原資だった可能性が生じます。この場合も、内閣官房報償費としては目的外支出で違法です。

以上についても、赤字額が不明な2013年~17年「前夜祭」についても同様に妥当します（ただし公訴時効のものがあります）。

⑾ 2018年の赤字額は少なくとも約637万円!

ところで、以上の検討においては、「後援会」側が2018年の「前夜祭」の宴会代金計880万円を開催1か月前に「ホテル」に支払っていることの他に、収入合計額が計約400万円だったとの前提で、赤字補填の検討を行ったわけですが、収入計約400万円は「ホテル」への前払い時ではなく、開催時の収入額です。

そこで、「後援会」が「ホテル」側への前払い（18年3月19日頃）時に計880万円の政治資金をもっていたのか、言い換えれば、前払い時の政治資金の残額は幾らだったのかを試算してみましょう。なぜ「試算」なのかと言えば、支出日の不明なものがあるからです。そのような支出については、「前夜祭」の前払い前にはなされていないと仮定して、言い換えれば、「後援会」に有利になるよう残金ができるだけ多くなるように仮定して試算します。

「後援会」の2018年分政治資金収支報告書によると、その事前支払

「前夜祭」前払い（2018年3月19日頃）時までの「安倍晋三後援会」の収支

収入	金額（円）	年月日	支出	金額（円）	年月日
前年からの繰越額	7,773,479	2018.1.1	会合料理代小計	244,800	2018.2.19
平成30年新春の集い	7,440,000	?	Jタクシー代	172,220	2018.1.24
会合費	135,000	?	大会費小計	1,755,097	2018.1.5~16
その他	179,514	?	会場費一式	1,875,000	2018.1.16
収入合計	15,527,993		会場料理一式	4,000,000	2018.1.16
			会場費小計	2,685,892	2018.1.16~23
			会場、料理一式	1,656,016	2018.1.23
			大会費小計	707,615	2018.1.25~2.27
黒字	2,431,353		支出合計	13,096,640	

い時までの「後援会」の収入合計額は多く見積もっても１５５３万円弱でした。その主たる収入は、「前年からの繰越額」約７７７万円のほか、「新春の集い」収入約７４４万円などです。一方、「後援会」の前払い時までの支出合計額は、少なくとも１３０９万円余り（大会費など）でした。

となると、その時点での残額は２４３万円くらいしかないことになります（前頁参照）。「前夜祭」開催1か月前の18年3月19日ごろ「ホテル」に計８８０万円を事前に支払ったということは、２０１８年分政治資金収支報告書に記載されていない裏金収入が少なくとも計約６３７万円あった計算になります。くり返しますが、これも政治資金規正法違反の不記載罪です。

これを記載しなかったのは、その資金提供者の氏名または集金方法を公表できなかったからではないかとの疑念も生じます。

第3章

自民党本部主導選挙と使途不明金

～河井議員夫妻「多数人買収」事件～

第1節　河井議員夫妻「多数人買収」事件とその政治告発

（1）第四次安倍第二次改造内閣で2人の大臣が辞任

昨2019年9月11日、第四次安倍第二次改造内閣が発足しましたが、経済産業大臣に任命された菅原一秀衆議院議員（東京9区）は公職選挙法（公選法）違反の違法寄付事件で改造1か月後の翌10月15日辞任しました。同じく法務大臣に任命された河井克行衆議院議員（広島3区）は参議院通常選挙で当選した妻・河井案里氏（広島選挙区）の車上運動員13名の公選法違反の買収事件で同月31日辞任しました。

しかし、2人を任命した安倍晋三首相はいまだに責任を一切とっていません。2人を公認した自民党総裁としても責任をとっていません。2人の事件について首相官邸も自民党本部も、それぞれ独自の調査・聴取をして説明すべき責任がありますが、いまだに調査さえ行っていません。

菅原議員、河井議員夫妻は説明責任を果たさず議員辞職もしてはいません。菅原一秀、河井克行の両衆議院議員は菅義偉官房長官の側近です（「また『菅人事』で失敗　辞任ドミノ、ポスト安倍に影響も」朝日新聞2019年10月31日11時27分）。河井克行議員は首相補佐官を務めた人物で、河井案里参議院議員は二階俊博幹事長の派閥です。それゆえ、自民党本部は3人を除名してはいません。否、できないのです。議員が離党届を出すのを待つしかないのです。〝安倍自民党のモラルハザードは底なし状態！〟と評さざるを得ません。

(2) 河井克行法務大臣（辞任）・案里夫妻の多数人買収

菅原議員が大臣を辞任した翌月の『週刊文春』（2019年11月7日号）が、その3か月ほど前の参議院通常選挙（2019年7月21日）に立候補し当選した河井案里参議院議員（元広島県議）の車上運動員13名買収事件をスクープ報道しました。

公選法は、「当選を得若しくは得しめ又は得しめない目的をもつて選挙人又は選挙運動者に対し金銭、物品その他の財産上の利益若しくは公私の職務の供与、その供与の申込み若しくは約束をし又は供応接待、その申込み若しくは約束をした」こと（第221条第1項第1号）を「買収」と定義しています。そして、「公職の候補者」「選挙運動を総括主宰した者」「出納責任者」という特定者（同条第3項）が「財産上の利益を図る目的をもつて公職の候補者又は公職の候補者となろうとする者のため多数の選挙人又は選挙運動者に対し」買収した場合は、「6年以下の懲役又は禁錮に処する」と定めています（第222条第3項）。なお、「出納責任者」には、「公職の候補者又は出納責任者と意思を通じて当該公職の候補者のための選挙運動に関する支出の金額のうち……告示された額の2分の1以上に相当する額を支出した者」が含まれます。このような役割を果たしている者は〝実質的な出納責任者〟と表現できるでしょう。

また、公選法は「衆議院（比例代表選出）議員の選挙以外の選挙においては、選挙運動に従事する者（……

専ら……選挙運動のために使用される自動車……の上における選挙運動のために使用する者……に限る。）」については「一人一日につき政令で定める基準に従い当該選挙に関する事務を管理する選挙管理委員会（……）が定める額の報酬を支給することができる。」と定め（第197条の2第2項）、これを受け、公職選挙法施行令は「報酬の額についての政令で定める基準」につき「専ら……選挙運動のために使用される自動車……の上における選挙運動のために使用する者」にあつては「1人1日につき1万5千円以内とする。」と定めています（第129条第4項）。

河井案里氏は昨年の参議院通常選挙では公選法のいう「公職の候補者」でした。その夫の河井克行氏は案里候補の選挙を統括していたので「選挙運動を総括主宰した者」でした。運動員報酬「1日3万円」は克行氏が決めた「河井ルール」と呼ばれていました。A氏は『週刊文春』の報道によると、2014年ごろ河井克行議員の事務所に入り「古株」の秘書で、2018年末まで克行議員の公設第二秘書を務め、同年暮れからは案里氏の選挙事務所で秘書となり、報道当時は案里議員の公設第二秘書でした。参議院選挙のときの河井陣営の経理担当者に選挙資金の処理の在り方を具体的に指示しており、公選法における実質的な「出納責任者」でした。

『週刊文春』報道によると、案里候補の選挙事務所には「裏帳簿」があり、それには、車上運動員（ウグイス嬢）への1日の報酬が法令の2倍である3万円と明記され、各車上運動員の報酬合計額が算定・計上され、車上運動員13名につき法令の報酬上限の2倍が支払われていました。

同選挙の経理を担当した女性秘書は『週刊文春』の記者の直撃取材に対して、複数の領収書を準備して車上運動員に1人1日3万円の日当を支払ったこと、それを指示したのはA氏であったことを認めました。

したがって、A氏は公選法違反の多数人買収罪を犯したわけですが、これは、選挙資金を差配していた克行議員及び案里候補との共謀によるものとしか考えられません。

「裏帳簿」によれば、案里選挙事務所は、前述の運動員買収が発覚しないよう隠蔽するために、①参院選期間中、車上運動員13名には法令内の1日1万5000円を支払ったよう偽装するために7月21日付の「河井あんり選挙事務所」宛て領収書の但し書きには「車上運動員報酬」と各車上運動員に書かせ、②残りの額1日1万5000円については、参院選公示（7月4日）前の7月1日付の「河井あんり事務所」宛て領収書の但し書きに、選挙開始前の「人件費」と各車上運動員に書かせていたそうです。『週刊文春』の記者の取材に応じた車上運動員13名のうち9名は、参院選前には活動を行っていなかったと証言。つまり、2種類の領収書作成は買収を隠すための偽装工作だったことになります。

以上の車上運動員買収のほか、その後、案里氏は参議院選挙への立候補を表明した直後の広島県議会選挙（2019年3月29日告示、4月7日投票）の期間中に、県議会議員数名にそれぞれ50万円ほどの現金を手渡した（買収又は違法寄付）との報道（中国新聞2019年11月8日）、案里氏の党支部は参議院選挙で複数の陣営関係者に報酬を支払っていた（運動員買収）との報道（中国新聞2020年1月15日）、克行氏は無届の選挙運動員に計96万円を報酬として案里氏の政党支部を介するなどして渡したとの報道（中国新聞2020年3月1日）、克行氏自身の後援会の複数の幹部に現金を直接渡していたとの報道（中国新聞2020年3月27日）、広島地検は「配った相手や金額など示唆するリスト」を押収したとの報道もありました（「河井前法相夫妻がバラ撒いた1億5千万円の行方と『買収リスト』を東京地検が捜査へ」AERA dot. 2020年3月28日21時13分）。

公選法の買収についての各規定のまとめ

買収者	行為	罰則	公選法
下記「特定者」以外の者	買収行為	3 年以下の懲役若しくは禁錮又は 50 万円以下の罰金	第 221 条第 1 項
特定者（「公職の候補者」「選挙運動を総括主宰した者」「出納責任者」）	買収行為	4 年以下の懲役若しくは禁錮又は 100 万円以下の罰金	第 221 条第 3 項
上記・下記「特定者」以外の者	多数の選挙人又は選挙運動者に対し買収行為	5 年以下の懲役又は禁錮	第 222 条第 1 項
特定者（「公職の候補者」「選挙運動を総括主宰した者」「出納責任者」）	多数の選挙人又は選挙運動者に対し買収行為	6 年以下の懲役又は禁錮	第 222 条第 3 項

昨年11月27日、私を含む研究者10名は、河井克行・案里夫妻と公設秘書Aの3名を公選法違反（第22条第3項の特定者の多数人買収罪および第246条第5の2号の選挙運動費用収支報告書虚偽記入罪）容疑で告発状を広島地検に送付しました。また、560名を超える大勢の広島市民も刑事告発するために告発状を広島地検に提出しました。

（3）案里議員公設第2秘書の第一審〝有罪〟判決

広島地検は、今年1月15日地元の河井両議員の事務所を家宅捜索しました。3月3日には両議員の議員会館事務所も家宅捜索し、また、案里議員の公設第二秘書（A氏）、夫・克行議員の政策担当秘書（B氏）、選挙当時陣営の事務局長の計3人を、無届け1名を含む車上運動員14名の買収の疑いで逮捕しました。河井克行議員と案里議員は、「捜査中であり、事実関係に関するコメントについては現時点で差し控えさせていただく」との同じ文面の談話を別々に出しました（「河井夫妻秘書ら3人逮捕運動員買収疑い」中国新聞2020年3月3日）。

広島地検は、3月24日A氏とB氏を起訴しました。ただし、単純買収罪（公選法第221条第1項）での起訴のようです。検察はA氏につき広義の「出納責任者」ではなく「組織的選挙運動管理者」とみなしているようで、百日裁判が行われ、この裁判でA氏の禁固刑以上の有罪が確定すると案里議員に連座制が適用される裁判が行われて失職することになると報道されました（「案里氏秘書ら2人起訴　広島地検『百日裁判』申し立て、連座制適用なら失職」中国新聞2020年3月24日）。

6月9日のA氏の公判で、広島地検は懲役1年6月を求刑し、弁護人側は幇助にとどまるとして罰金刑が相当と主張し、裁判は結審しました（「【詳報】案里氏秘書公選法違反事件の公判　検察側の論告と弁護側の最終弁論」中国新聞2020年6月10日）。

そして、同月16日、広島地裁は、案里議員の公設第2秘書Aにつき判決において、「幇助犯」として罰金刑を訴えた弁護側の主張を退け、懲役1年6月、執行猶予5年を言い渡しました。懲役刑は連座制の適用対象のため、懲役刑の有罪判決が確定すれば広島高検が案里氏の当選無効などを求める行政訴訟を起こし、高検が勝訴すると案里氏は失職すると報道されました（「案里氏秘書に懲役刑判決　連座制適用対象で案里氏失職の可能性濃厚」中国新聞2020年6月16日）。

この判決で事実認定された点を中国新聞の報道に基づき箇条書きにまとめてみましょう。

①克行議員の元政策秘書B氏らの間で「克行氏の意向を確認した上で1日3万円と決まった」。

②被告人Aは、遊説責任者として「法定上限の2倍の1日3万円という違法な報酬の支払いを前提とする遊説活動に主体的、積極的に関与した」。

③被告人Aは、報酬の支払いを会計担当者に指示し、領収書を2枚作って法定内に装う隠蔽行為も自身の判断で行った。

④被告人Aは昨2019年7月19〜23日、Bらと共謀し、車上運動員14人に公選法の上限を超える報酬計204万円を渡した。

⑤被告人Aは、Bらと共謀し、「重要な国政選挙の公正を害した」。

広島地裁は、以上の事実認定のほか、被告人Aは「最終的な報酬額の決定に影響を及ぼすほどの関与は認められない」などとして執行猶予が相当と結論づけました。

しかし、被告人Aは6月26日広島高等裁判所に控訴しました。

(4) 河井両議員夫妻も起訴

広島検察と東京地検特捜部は、河井議員夫妻の立件に向けて捜査を進めてきました。3月3日広島地検は宿泊先のホテルにいた夫妻のスマートフォンを押収し(「河井夫妻を任意聴取へ　スマホ押収、関与捜査─広島地検」時事通信2020年3月6日21時22分)、その後2人の任意聴取も複数回行っているようです(「広島地検が河井夫妻を任意聴取　公選法違反事件、関与見極め」中国新聞2020年3月9日20時4分、「自民・河井夫妻を地検再聴取　運動員巡る違法報酬事件」共同通信社2020年3月17日5時)。

東京地検特捜部などの調べによると、河井克行議員は去年7月の参議院通常選挙をめぐり、妻の案里議員が立候補を表明した去年3月下旬から8月上旬にかけて(つまり投票後も)票のとりまとめを依頼した報酬として、地元議員や後援会幹部ら91人に合わせておよそ2400万円を配ったとして公職選挙法違反の買収の疑いが持たれています。また、案里議員も河井前大臣と共謀し5人に対して170万円を配った疑いが持たれています（合計2570万円）。

通常国会が閉会した翌日の6月18日、東京地検特捜部は夫の河井克行衆議院議員・前法務大臣と案里参議院議員を公選法違反（買収）の疑いで逮捕しました（「河井前法相・案里議員を逮捕　参院選での買収の疑い　東京地検」NHK2020年6月18日15時42分）。現職国会議員夫妻の逮捕は初めてのこと。NHKの取材に対し、複数の地方議員が「選挙の公示前に河井前大臣から『案里議員をお願いします』と言われた」と話したり、「違法な金だと思っていた」等と証言しています（「河井夫妻逮捕　今後の捜査焦点は」NHK2020年6月18日 16時42分）。

また、東京地検特捜部は同日午後4時半すぎから、東京都千代田区にある河井前大臣の衆議院第二議員会館の事務所と案里議員の参議院議員会館の事務所の捜索を始めました（「河井前法相夫妻逮捕　議員会館事務所の捜索始める　東京地検」NHK2020年6月18日17時21分）。さらに検察当局は翌19日にも、克行議員の地元後援会事務所、案里議員の事務所、自宅の広島市内の関係先3か所を家宅捜索し、関係資料を押収しました（「河井前法相の事務所など広島市内の夫妻関係先を家宅捜索」中国新聞2020年6月19日）。

押収した克行議員のパソコンで管理されていたものの中には、現金の提供先や金額などが記されたリストがあり、そのリストには、配布先として広島県議・市議などの地元議員や後援会関係者ら100人以上が記載されており、その各金額を合計すると3000万円を超えると毎日新聞が報じました（「現金配布リストに総額3000万円超　克行容疑者PCに県議ら100人以上記載」毎日新聞2020年7月1日17時48分）。また、東京地検特捜部は、逮捕容疑の買収額にさらに300万円余りを積み上げて、かつ克行議員を選挙運動の全体を取り仕切る「総括主宰者」と認定し、より法定刑が重い罪で、更に事前運動の禁止違反でも起訴するとみられると報道されました（「河井克行容疑者『総括主宰者』で起訴へ」日本テレビ２０２０年７月７日12時７分、「買収に加え事前運動でも…河井夫妻起訴へ」日本テレビ同月８日12時22分）。

東京地検特捜部は７月８日、河井克行衆議院議員と、妻の案里参議院議員が地元議員らに票の取りまとめを依頼し、現金を配ったとして、公選法違反の買収の罪で起訴しました。特捜部が起訴した買収資金の総額は２９００万円余りに上り、迅速な審理を求める「百日裁判」を東京地方裁判所に申し立てました。起訴状によると、克行議員は昨２０１９年３～８月、案里議員が立候補した参議院通常選挙での集票を依頼するため、地元議員ら90人超に計約２９００万円を提供したなどとされ、案里議員はこのうち１７０万円について、克行議員と共謀したとされています（「河井前法相夫妻を起訴　参院選で総額２９００万円余の買収の罪」ＴＢＳ２０２０年７月８日16時41分、「河井前法相夫妻を起訴　２９００万円買収罪　２０１９年参院選」日経新聞２０２０年８月８日16時42分）。

克行議員を総括主宰者（「選挙運動を総括主宰した者」）として認定し起訴することは当然ですが、多数人買収罪ではない点は納得できません。とはいえ、２人が買収罪で有罪となり、有罪が確定すると公民権停止になり失職することになります。

第2節　自民党本部主導選挙と1億5０００万円

（1）安倍総裁の仇敵を「抹殺」

石破茂・元自民党幹事長は、今年6月18日夜、ＢＳ日テレの番組で次のように語ったと朝日新聞は報道しました（「石破氏『7年前も首相は広島に…。私は反対』」朝日新聞２０２０年6月19日21時50分）。

「（２０１３年の参院選で）私が幹事長だったが、やはり広島に２人立てたいという強い意向を安倍晋三首相はお持ちだった。広島は極めて難しい選挙区。中国地方で一番大きな都市で、労働組合の皆さん方の力も強い。今まで自民党が２議席取れたことは一度もない。そこにあえて２人を立てることになると、結局1議席しか取れなくて分断と怨念だけが残るのではないかと、私はその時はずいぶん反対した覚えがある。もう7年も前のことですがね。」

また、昨年6月、『週刊文春』（２０１９年6月27日号）は、参議院選挙における広島県選挙について以下のように報道していました。

「参院選を目前に、安倍晋三首相（64）が、仇敵を抹殺するべく、広島での〝仁義なき戦い〟に力を入れている。

仇敵とは溝手顕正前参院議員会長（76）のこと。２００７年夏の参院選、安倍首相は小沢民主党に惨敗したが、続投に拘泥した。当時防災相だった溝手氏は会見で『首相本人の責任はある。（続投を）本人が言うのは勝手だが、決まっていない』と痛烈に批判した。12年2月にも、野田佳彦政権に対し、消費税増税関連法案への賛成と引き換えに衆院選を迫る『話し合い解散』を主張した安倍氏を、会見で『もう過去の人』とこき下ろし、波紋を呼んだ。安倍氏は、そうした恨みを片時も忘れない。参院議長を決める16年夏、岸田派は溝手氏を推したが、『首相が反対して止めた』(党幹部)。そして、今回の参院選。定数2の広島選挙区で楽々と当選を重ねてきた溝手氏に、同じく自民公認の新顔として、河井克行総裁外交特別補佐の妻・案里元県議を刺客としてぶつけたのだ。すでに安倍事務所のスタッフ数人を広島に常駐させるほど力を入れている。」

「中国放送」(「案里容疑者が当選　参院選振り返り　自民党本部と広島県連が対立」2020年6月18日19時50分)によると、当時、新人候補・案里氏の擁立をめぐっては、党の分裂を懸念する地元・自民党広島県連の意向に反し、案里氏を追加公認した自民党の本部と、地元・広島県連との対立が生じました。「それはひどいですよ。(河井氏から事前に)全く話ありませんから、私たちに……。」(自民党県連　宇田幹事長)全国13ある複数人区で唯一、広島だけが「議席独占」というハードルを課せられたのです。「党本部による溝手さんいじめという印象を正直言って強く持っています。」(自民党　宮沢洋一県連会長)

その結果、案里陣営は、新たに票の掘り起こしをする以上に従来の保守票を奪う戦術に出ました。現職の溝手氏は自民党広島県連合会が支援していたのに、6年前の2013年参議院通常選挙での得票52・2万票弱から25万票も減らし27万票へと落ち込み3位で落選しました。一方、河井案里氏は29・6万票弱で2位となり当選しました(次頁下記)。したがって、〝従来の溝手票を案里票にするために大規模な買収〟が行われたのでしょう。そのために破格のカネが投じられたのです(参照、「『実弾』攻勢、激戦背景か　自民2人で票奪い合い　案里議員初当選の昨夏参院選」時事通信2020年6月18日20時34分)。

地元の溝手派を含め議員らは、買収資金を受け取った後、案里候補当選のために推薦はがきを用意するなど支援していました(「【激震　前法相夫妻逮捕】現金受領後に河井陣営支援　参院選買収、溝手氏側の議員」

中国新聞2020年7月4日）。

（2）党本部が河井夫妻の両支部に交付金計1・5億円

今年1月、『週刊文春』（2020年1月30日号）は、河井案里参院議員の選挙の時の新たな問題をスクープ報道。河井克行氏が案里氏の選対の実質的トップだったことを示す証拠LINEや、安倍首相が4名の秘書軍団を広島入りさせ、秘書軍団が案里氏を当選させるために運動していたことのほか、河井陣営の金満ぶりは、当時から広島県内で話題になっていたとして、ある自民党広島県議の話を紹介しました。

「案里事務所はタウンメールというビラのポスティングを公示前から複数回やっていたが、1回あたり1500万～2000万円ほどかかるのに、なぜあんなに何回もできたのか。菅義偉官房長官が演説に来たときは駅から数百メートルにわたって看板が立てられるなど、とにかく物量が桁ちがいでした」。

そして、それを可能にしたのが党本部からの資金提供だったとして、捜査機関が押収し事務所内で共有されていた〝入出金記録〟を紹介しました。そこには次頁下記の数字が並んでいたのです。

「第七」とは「自民党広島県参議院第七選挙区支部」（代表・河井案里）、「第三」は「自民党広島県第三選挙区支部」（代表・河井克行）です。つまり河井夫妻の政

2013年と2019年の参議院通常選挙における広島県選挙区の得票数上位3名の比較

候補者順位	2013年		2019年	
1位	溝手顕正	52万1794票	森本真治	32万9792票
2位	森本真治	19万4358票	河井案里	29万5871票
3位	はいおか香奈	17万3266票	溝手顕正	27万0183票

党支部に、参議院通常選挙前のわずか3か月間で、それぞれ７５００万円、計1億５０００万円が自民党本部から振り込まれていたというのです。そして、そのうち、克行氏の支部は30万円を残し、計７４７０万円を案里氏の支部に寄付していたとも報じたのです。

「党本部のお金は幹事長マターだが、河井陣営に1億５０００万円も投下したのは安倍首相の強い意向があってこそ。克行氏は安倍首相に近く、長く首相補佐官を務めていました。広島選挙区で安倍首相と距離のあった自民党候補・溝手顕正氏に比べて、明らかに案里候補に肩入れしていました」（自民党関係者）。

（3）過去と比較しても異常

『週刊文春』の取材によれば、落選した溝手氏の党支部に党本部から提供された選挙資金は案里氏の10分の1程度だったそうです（私が知りえた情報だと計１７００万円）。

確かに２０１８年までの政治資金収支報告書における収入欄の記載を見ると、溝手氏の党支部（自民党広島県参議院選挙区第2支部）が受領した過去の「自民党本部からの交付金」は1年間でも１２００万円程度であり、前回選挙の２０１３年でも年間２４００万円（そのうち選挙前は１７００万円）なので（次頁参照）、それらと比較しても、党本部が案里氏の政党支部にわずか3か月間で７５００万円も交付したのは異常です。夫の克行氏の過去の党本部からの交付金も1年間で１２００万円程度。衆議院総選挙のあ

河井夫妻支部への党本部からの資金提供“入金記録”

【第七】	4月15日	15,000,000円
	5月20日	30,000,000円
	6月10日	30,000,000円
【第三】	6月10日	45,000,000円
	6月27日	30,000,000円

『週刊文春』（2020年1月30日号）

自民党広島県参議院選挙区第２支部（溝手顕正）の自民党本部からの交付金収入

2012年	2013年	2014年	2015年	2016年	2017年	2018年
125万円 (4/27)	500万円 (3/8)	200万円 (4/30)	200万円 (4/30)	200万円 (4/28)	200万円 (4/28)	200万円 (4/27)
100万円 (7/10)	500万円 (5/10)	100万円 (6/17)	100万円 (6/16)	200万円 (5/20)	200万円 (6/19)	200万円 (6/11)
	500万円 (5/10)					
	200万円 (5/31)					
125万円 (7/31)	200万円 (7/31)	200万円 (7/31)	200万円 (7/31)	200万円 (7/29)	200万円 (7/31)	200万円 (7/31)
					300万円 (9/29)	
125万円 (10/31)	200万円 (10/31)	200万円 (10/31)	200万円 (10/30)	200万円 (10/31)	200万円 (10/31)	200万円 (10/31)
200万円 (11/29)	100万円 (12/12)	300万円 (11/26)	200万円 (12/15)	200万円 (12/12)	200万円 (12/11)	200万円 (12/11)
125万円 (12/24)	200万円 (12/24)	200万円 (12/24)	200万円 (12/24)	200万円 (12/22)	200万円 (12/25)	200万円 (12/25)
計 800万円	計 2400万円	計 1200万円	計 1100万円	計 1200万円	計 1500万円	計 1200万円
衆議院総選挙	参議院通常選挙	衆議院総選挙		参議院通常選挙	衆議院総選挙	

自民党広島県第３選挙区支部（河井克行）の自民党本部からの交付金収入

2012年	2013年	2014年	2015年	2016年	2017年	2018年
175万円 (4/27)	500万円 (5/10)	200万円 (4/30)	200万円 (4/30)	200万円 (4/28)	200万円 (4/27)	200万円 (4/27)
100万円 (7/10)	200万円 (5/31)	100万円 (6/17)	100万円 (6/16)	200万円 (5/20)	200万円 (6/19)	200万円 (6/11)
		20万円 (6/19)	20万円 (6/18)	50万円 (6/7)	20万円 (6/20)	
175万円 (7/31)	200万円 (7/31)	200万円 (7/31)	200万円 (7/31)	200万円 (7/29)	200万円 (7/31)	200万円 (7/31)
					1500万円 (9/29)	
					50万円 (10/3)	
175万円 (10/31)	200万円 (10/31)	200万円 (10/31)	200万円 (10/30)	200万円 (10/31)	200万円 (10/31)	200万円 (10/31)
		100万円 (11/26)	200万円 (12/15)	200万円 (12/12)	200万円 (12/11)	200万円 (12/11)
	100万円 (12/12)	50万円 (12/26)	20万円 (12/16)	20万円 (12/13)	20万円 (12/12)	
1300万円 (12/24)	200万円 (12/24)	200万円 (12/24)	200万円 (12/24)	200万円 (12/22)	200万円 (12/25)	200万円 (12/25)
計 1925万円	計 1200万円	計 1970万円	計 1140万円	計 1270万円	計 2790万円	計 1200万円
衆議院総選挙	参議院通常選挙	衆議院総選挙		参議院通常選挙	衆議院総選挙	

った12年は1925万円、14年は1970万円、17年は2790万円なので、それらと比較しても、候補者でもない克行氏の党支部にわずか1か月間に7500万円も党本部が交付したのは、もっと異常です。

例えば、2016年参議院通常選挙において、激戦区の沖縄選挙区の島尻安伊子沖縄担当大臣の支部は、1億2700円を受け取っていますが、その内訳は、自民党本部からの交付金は計1700万円にすぎず、計1億1000万円を交付したのは「自民党沖縄県支部連合会」でした。

しかし、昨年参議院通常選挙で自民党本部は「自民党広島県支部連合会」に高額の交付金を支出するわけにはいかなかったのでしょう。自民党広島県支部連合会の代表は落選した溝手顕正候補（元防災担当大臣）と同じ岸田派の宮沢洋一参議院議員だったからです。

計1億5000万円がもしも全額「裏金ではない表の政治資金」だったら、それは安倍総裁の党内での政治資金配分力の強大さを衆参の自民党議員らに見せつける意図もあったことになりそうです。

（4）買収の原資は政治資金

前述したように、河井克行議員は、昨年3月下旬から8月上旬にかけて約2400万円を、案里議員も河井前大臣と共謀し170万円を配ったとして今年6月18日逮捕されましたが、それを含め約3000万円の買収リストが押収されています。この原資は何だったのでしょうか？

河井議員夫妻らが真実を語らないとわかりませんが、夫妻らが真実を語らないとなると、検察側が裁判で明らかにすることを待つしかありません。

ここでは可能性としてあげられるのは、まず、両議員のポケットマネーです。これについては、原資が議員歳費の場合と、私物化した「文書通信交通滞在費」(毎月100万円)の場合が考えられます。

しかし、河井克行議員は、領収書を徴収しないまま県議らに現金を提供したことを認めたものの、「不正な行為は一切していない」と弁明しているようです(「河井前法相、現金提供認める　買収否定、『妻と共謀ない』―公選法違反・検察当局」時事通信2020年6月22日12時10分)が、これは、現金を配ったのは買収のためではなく、相手地方議員らの政治活動のためだったと強弁していることになりそうですから、買収の原資は河井議員夫妻の政党支部または政治団体の政治資金だった可能性の方が高いでしょう。車上運動員に法令の定める上限の3倍の報酬を支払った際に、偽装工作のため2つの領収書を車上運動員に書かせていたので、法令の上限を超えた分を支払ったのは、政治資金だったことは間違いありません。それ以外の買収資金も、政治資金でしょう。

その具体的な政治資金としては、一つは、河井議員夫妻の政党支部と政治団体の2018年から2019年への繰越金です。克行議員の政党支部・政治団体(「自民党広島県第3選挙区支部」「河井克行後援会『三矢会』連合会」「日本の夢創造機構」)と案里議員の政治団体(「あんり・未来ネットワーク」)の各「前年からの繰越額」の合計額は、1139万7472円でした(「自民党広島県参議院第七選挙区支部」は2019年1月1日の時点では存在しなかった)。そのうちの1121万9300円は、克行議員が代表の「自民党広島県第3選挙区支部」

河井克行議員と案里氏の政党支部・政治団体の2019年の「前年からの繰越額」

自民党広島県第3選挙区支部	河井克行後援会「三矢会」連合会	日本の夢創造機構	あんり・未来ネットワーク
11,219,300円	23,167円	104,622円	50,383円

の繰越金です（前頁参照）。

この繰越金は、形式的には政党交付金を含まない政治資金でしょうが、同支部は自民党本部から政党交付金（税金）の交付を受けているので、実質的に政党交付金（税金）だとみなしてよいでしょう。つまり、実質的には税金で買収されたに等しいのです。

買収の原資のもう一つは、2019年の政党交付金を含む政治資金収入です。というのは、河井議員夫妻の政党支部・政治団体の2018年の経常経費支出総額は約計2549円（下記）なので、前述した「前年からの繰越額」合計額1139万7472円は河井議員夫妻の政党支部・政治団体の2019年の経常経費支出に費消されると試算されるので、2019年の「本年の収入」の一部を買収資金に充てるしかないからです。

そうすると、前述した自民党本部からの交付金計1億5000万円が買収の原資だったことは明らかでしょう。

これに対しては、二階俊博幹事長は河井議員夫妻が離党した6月17日、「合計1億5000万円は支部の立ち上げに伴う党勢拡大のための広報誌を配布した費用に充てられたと報告を受けている」としました（「二階幹事長『1億5000万円広報誌配布と聞いた』」テレビ朝日2020年06月17日21時22分）。これは、1億5000万円が買収の原資であることを否定した説明なの

2018年の河井夫妻の政党支部・政治団体の経常経費

経常経費支出	自民党広島県第３選挙区支部	河井克行後援会「三矢会」連合会	日本の夢創造機構	あんり・未来ネットワーク	合計額
人件費	15,409,449円	0円	0円	0円	15,409,449円
光熱水費	503,735円	0円	0円	0円	503,735円
備品・消耗品費	2,019,972円	0円	560,194円	57,685円	2,637,851円
事務所費	5,703,870円	64,800円	411,843円	758,447円	6,938,960円
計	23,637,026円	64,800円	972,037円	816,132円	25,489,995円

でしょう。しかし、いつ、幾らの広報誌印刷代を支払ったのか等、詳細な説明なしには、信用できる説明とはいえないでしょう。

一方では、計1億5000万円の全額が広報誌印刷代だけに費消されたとは思えませんが、他方では、案里氏に選挙運動及び政治活動は本当に計1億5000万円で足りたのか疑問も生じます。現に、昨年参議院通常選挙では、党本部から資金提供された1億5000万円は使い切ってしまい、投開票日直後の7月末に陣営の資金が底を突き、未払い金が約3500万円あり、翌8月には案里議員が金融機関から3000万円の融資を受けたことが、陣営関係者への取材で分かった、と毎日新聞がスクープ報道しました（「河井陣営、参院選直後に未払い金3500万円　党提供資金、買収に使用か」毎日新聞2020年6月21日2時）。

(5) 2019年8月までの政党交付金・政治資金

河井議員夫妻の政党支部・政治団体の2019年分の政党交付金使途報告書と政治資金収支報告書については、政党助成法と政治資金規正法が遵守されていれば、すでに広島県選挙管理委員会に提出されていると思われますが、前者の使途報告書は9月末、後者の収支報告書は11月末にならなければ公表・公開されません。

しかし、共同通信のスクープ配信記事によると、河井克行議員と妻の案里参議院議員がそれぞれ支部長を務めていた自民党の2つの支部は、法定の報告書を広島県選挙管理委員会などに対し5月までに提出していたものの、2019年参議院通常選挙前に党本部から両支部に入金された計1億5000万円について使途を一切記載していなかったそうです（「1・5億円使途、記載せず　河井夫妻側、法定の報告書」共同通信2020年6月20日10時2分）。中国新聞は、河井議員夫妻が支部長を務めた2つの自民党支部に党本部が昨年提供した1億5000万円のうち1億2000万円は税金を原資とする政党交付金だったこと、また、両支部はこの春、昨年受け取った政党交付金の使い道の報告書を県選管へ提出したものの、目的や金額は明記していないこと、広島地検による両議員の事務所や自宅などの家宅捜索で「関係書類が押収され、使途の内訳が分からず記載できない」と説明していることを報じました（「1億2000万円は政党交付金　河井夫妻側支部への党提供資金、報告書に使途示さず」2020年6月21日7時）。

そうであれば、昨2019年分の政治資金収支報告書についても同じ理由で支出を記載していない可能性が高いでしょう。

ただし、すでに判明している収支があります。一つは選挙運動のための選対への支出です。昨年参議院選における河井案里候補の選挙運動費用収支報告書によると、「自民党広島県参議院第七選挙区支部」（代表・河井案里）から案里選対に対し、同年7月1日に2300万円、8月30日に105万円を、それぞれ寄附として受領していました。つまり、この記載は虚偽でない限り、「自民党広島県参議院第七選挙区支部」は、案里選対に対し計2405万円を寄付として支出していたのです。

もう一つは収入です。河井議員夫妻の2つの政党支部の各政党交付金使途報告書について私は独自に入手しています。前述の計1億5000万円以外の「党本部からの交付金」収入については、その両支部の使途報告書によると、同年8月上旬までに、克行氏が代表の「自民党広島県第3選挙区支部」は、4

月26日に200万円、5月20日に300万円、7月31日に200万円を、案里氏が代表の「自民党広島県参議院第七選挙区支部」は5月20日に200万円を、それぞれ受領していました。「自民党広島県第3選挙区支部」が受領していた4500万円（6月10日）は政党交付金でしたが、3000万円（6月27日）は政党交付金ではありませんでした（政治資金）。自民党広島県参議院第七選挙区支部が受領していた計7500万円（4月15日1500万円、5月20日3000万円、6月10日3000万円）は全額政党交付金でした。つまり、計1億5000万円のうち1億2000万円が政党交付金だったのです。

もっとも、昨年、上記政党支部・政治団体において政党交付金を除く政治資金収入がどれだけあったのかについては、ほとんどは不明のままです。

現時点でわかっている8月末までの合計収入は、「前年からの繰越額」合計額1139万7472円、週刊誌報道の1億5000万円、それ以外の本部からの交付金（政党交付金）合計額900万円、総計1億7039万7472円。現時点でわかっている8月末までの合計支出は、案里選対への寄附計2405万円。差額（残額）は1億4634万7472円です。

そうすると、3月下旬から8月上旬にかけて逮捕容疑の計2570万円を含む約3000万円の原資の一部は1億4634万7472円だったとわかります。これには税金が原資の政党交付金が含まれていますから、税金の一部が買収の原資であったことになります。

第3節　自民党本部の使途不明金が投入された可能性大

(1) 1・5億円のうち1億円超は党本部の使途不明金ではないか!?

前節では、自民党本部から河井議員夫妻の2つの政党支部への交付金計1億5000万円の全額が「表の政治資金」だった、との前提で論述しましたが、しかし、実際はそうでなく、前述の河井議員夫妻の両政党交付金使途報告書の収入の記載額は、週刊誌がスクープ報道したために「表の政治資金」にせざるを得なくなった結果だったのではないでしょうか。

というのは、自民党本部の過去の党支部への交付金の支出実態を踏まえると、計1億5000万円のうち「表の政治資金」は案里の党支部への1500万円（4月15日）、多くても、3000万円（5月20日）を加えた計4500万円にとどまり、残りの3000万円（6月10日）と、克行氏の党支部への計7500万円、計1億500万円は、河井議員夫妻の各支部が政党交付金使途報告書にも政治資金収支報告書にも記載しない予定の裏金だった可能性が高かったのではないでしょうか。

(2) 自民党本部の「政策活動費」名目の使途不明金

実は、一番高額な政党交付金を受け取っている自民党は、従来、政治資金において毎年一番高額な使途不明金があるのです。自民党本部は、例えば衆議院総選挙のあった2000年に計約85億円の「政策活動費」名目で幹事長などの役員を中心に大勢の国会議員（公職の候補者）に対し政治資金（事実上の政党交付金）から支出（寄付）しており、かつ、幹事長ら国会議員は最終的にいつ何の目的で誰に対しそれを支出したのか、どこにも収支報告してこなかったのです。

もっとも、国民の批判もあり、その後、支出先の国会議員の人数を20名程度に減らし合計額も減少させますが、今でも毎年使途不明金の支出を続けているのです。具体的にその年間合計額を紹介すると、自民党が下野していて参議院通常選挙のあった2010年でも計7億7900万円、国政選挙のなかった11年でも計5億6670万円が支出されていました。衆議院総選挙の結果政権復帰した12年には計9億6510万円。衆議院総選挙のあった14年は計約15・92億円、参議院通常選挙のあった16年は計17億円超、衆議院総選挙のあった17年は計19・2億円弱、国政選挙のなかった18年でも計12・1億円超の支出がなされていました（次頁参照）。

その多くを幹事長が受け取ってきましたが、受け取った幹事長らはそれをどこにも収支報告してはいないのです。

（3）政治資金規正法の不遵守の結果

このような使途不明金の存在は、政治資金規正法が遵守されず、違法な運用がなされた結果です。同法は、国会議員などの「公職の候補者」に対する政治活動のための寄付を原則として禁止していますが、その寄付者が政党の場合については例外として許容している（第21条の2）ので、自民党本部は「政策活動費」等の名目の寄付を幹事長らに行えているのです。

一方、同法は、国会議員らのために政治資金の拠出を受ける「資金管理団体」を認めているので（第19条第1項）、国会議員個人が受け取った寄付は、この「資金管理団体」の収支報告書で記載されるべきです。

しかし、政界では、記載する必要はないという解釈・運用がなされ、検察はそれを追認してきました。つまり、党本部から受け取った議員は「政策活動費」を自己の資金管理団体で一切収

「自民党本部」の「政策活動費」名目で幹事長らへの支出額と受領議員数
（2010年～2018年）

年	政策活動費支出額	受領議員数	受け取った議員と合計金額（1億円以上に限定紹介）	国政選挙
2010年	7億7900万円	17人	大島理森4億1150万円（幹事長、9月から副総裁） 石原伸晃1億8160万円（9月から幹事長）	参議院通常選挙
2011年	5億6670万円	18人	石原伸晃3億4750万円（幹事長）	
2012年	9億6510万円	19人	石破　茂2億6000万円（9月から幹事長） 安倍晋三2億5000万円（10月から総裁） 石原伸晃2億0780万円（9月まで幹事長）	衆議院総選挙
2013年	12億9080万円	14人	石破 茂10億2710万円（幹事長）	参議院通常選挙
2014年	15億9260万円	13人	谷垣禎一8億5950万円（9月から幹事長） 石破　茂5億1140万円（8月まで幹事長）	衆議院総選挙
2015年	12億3920万円	22人	谷垣禎一7億880万円　（幹事長） 茂木敏充1億5550万円（選対委員長）	
2016年	17億 390万円	19人	谷垣禎一6億7950万円（8月まで幹事長） 二階俊博5億250万円（総務会長、8月から幹事長） 吉田博美1億2000万円（参院国対委員長、7月末から参院幹事長） 茂木敏充1億190万円（選対委員長、8月から政調会長）	参議院通常選挙
2017年	19億1730万円	20人	二階俊博13億8290万円（幹事長） 吉田博美1億円（参議院幹事長）	衆議院総選挙
2018年	12億1320万円	19人	二階俊博8億3270万円（幹事長）	

支報告してはいないため、政治資金（実質は税金）が使途不明金（ポケットマネーまたは政治や選挙の裏金）になっているのです。

私はこの問題を批判し続けてきました（自民党本部および同党都道府県支部連合会などの使途不明金の実態は、上脇博之『告発！ 政治とカネ』（かもがわ出版、２０１５年）１３８頁以下、同『追及！ 安倍自民党・内閣と小池都知事の「政治とカネ」疑惑』（日本機関紙出版センター、２０１６年）１４１頁以下、同『安倍「４項目」改憲の建前と本音』（日本機関紙出版センター、２０１８年）１６１頁以下）。

このカネが政治資金収支報告書に記載できない買収に投入されている可能性があるのです。

前述した河井夫妻支部への計1億５０００万円のうちの1億円超はその使途不明金の一部であり、その一部が収支報告できない多数人買収にも投入されたのです。

（4）自民党本部・安倍秘書団取り調べの必要性と1・5億円使途解明を！

河井案里氏の昨年の参議院選挙が自民党本部主導であり、河井夫妻の両支部への交付金計1億５０００万円のうちの1億円超が政党交付金使途報告書にも政治資金収支報告書にも一切記載しない予定の使途不明金になる予定であったとすれば、安倍総裁ら自民党本部幹部らは、河井案里氏の昨年の参議院通常選挙で買収などの違法な支出を指導または黙認していたとしても不思議ではありません。

自民党の元衆議院議員で安倍チルドレンの金子恵美氏がラジオ番組で自民党の「金権選挙」の実態を暴露しました。６月22日に放送された文化放送の「ニュースワイドＳＡＫＩＤＯＲＩ！」に自宅から出演した金子氏は、テレビ番組で「(河井夫妻のようなことは)みんなやっている」などと発言し、「憶測で言うな」と批判が出ていることに対する真意を問われ、次のように発言しました(「金子恵美が暴露『自民では選挙で金バラまけと教えられる』」日刊ゲンダイ2020年6月23日16時)。

「憶測ではなく、実際、私自身もですね、正直、選挙の時に『お金を配らなければ、地方議員の皆さんとか。みんな、協力してくれないから。みんな、やってるんだから、配りなさい』というふうに私自身言われました(教えられた)」「各県それぞれ、やり方があるみたいですね。完全にアウトにならないグレーなやり方とか。名目を変えるとか。実際、お金が飛び交っているという事実は、過去の話のように思われるかもしれないが今現在も残っている」

また、同月26日の『ABEMA Prime』に出演した元衆議院議員で安倍チルドレンの豊田真由子氏も、「とある先輩議員から、〝ちゃんと地元でお金を配ってるの?〟市長さん、県議さん、市議さんにお金を配らなくて、選挙で応援してもらえるわけがないじゃないの、と叱られ、びっくりしたことがある。選挙の時に限らず、この世界は桁が違うお金が動いているんだと、5年の間に感じた」と告白しました(「『先輩議員に〝ちゃんと地元でお金を配ってるの?〟と叱られた』豊田真由子・元衆議院議員が告白」ABEMA TIMES 2020年6月27日9時29分)。

さらに、参議院広島選挙区におけるスクープ報道がありました。まず、河井克行議員が昨年3月、広島県北広島町の宮本裕之町議会議長に安倍晋三首相、自民党の二階俊博幹事長、菅義偉官房長官の3人が妻の案里候補に期待していると伝え、現金20万円を渡していたとの証言を共同通信が記事を配信しました(「『安倍総理が期待』と現金渡す　前法相、二階・菅両氏の名も」共同通信2020年6月28日19時6分)。そしてまた、河井克行議員が一部の地元県議らに対し現金を提供する際に、「次は参議院選挙をよろしく」「妻が出るのでよろしく」などと参議院選挙における案里氏の支援を依頼する趣旨の話をしていたことに加え、「これは総理からです」や「二階幹事長からです」などと話したこともあったと日本テレビがスクープ報道しました（「現金提供『次は参院選よろしく』克行容疑者」日本テレビ２０２０年6月24日11時34分）。テレビ朝日も、案里議員の後援会長を務めていた府中町議会の繁政秀子議員は選挙事務所で河井克行議員から30万円を受け取ったこと、その際に「安倍総理から」という言葉を掛けられたことを明らかにしたと報道しました（「克行容疑者『安倍総理から』広島・府中町議が明かす」テレ朝２０２０年6月25日12時47分）。さらに、広島県北広島町の宮本裕之町議会議長が「しんぶん赤旗」の取材に証言したところによると、河井克行議員が昨年3月、同議長の自宅を訪問し、安倍首相と案里氏、菅義偉官房長官と案里氏が一緒に写真に写っている新聞記事のコピーを複数示し、「党本部が（案里容疑者を）応援している」と語り、20万円の入った白い封筒を差し出したため、「受け取れない」と押し返しましたが、克行議員は「大丈夫ですから」と封筒を座卓に置き、車で走り去ったというのです（「首相との紙面示し現金　河井前法相『党本部が応援』北広島町議長が本紙に証言」しんぶん赤旗２０２０年6月30日）。

自民党本部が1億円超の一部が買収に使われることを承知で河井議員夫妻の支部に1億円超を交付したのであれば、自民党本部も公選法違反の買収罪の一つに問われる可能性が高くなります。というのは、同法第２２1条第1項は、買収をさせる「目的」をもつて「選挙運動者に対し金銭若しくは物品の交付」をしたとき、または、「交付の申込み若しくは約束をし又は選挙運動者がその交付を受け、その交付を要求し若しくはその申込みを承諾したとき」（第5号）も、その者を「3年以下の懲役若しくは禁錮又は50万円以下の罰金に処する」と定めているからです。つまり、自民党本部が買収させる「目的」で「選挙運動者」である河井議員夫妻らに「金銭」（交付金）を「交付」したら、この罪に問われるのです。

東京地検、長崎地検次席検事だった

2019年、河井克行議員を法務大臣に任命するまでの安倍総理の面会と自民党本部の交付金

月日	収入	自民党広島県第3選挙区支部（克行）	自民党広島県参議院第7選挙区支部（案里）	備考
1月15日				安倍総理は克行議員・総裁特別補佐と単独面会
2月28日				安倍総理が克行議員と単独面会
3月13日				自民党が案里氏を追加公認
3月20日				安倍総理が克行議員と単独面会。案里氏が正式出馬表明
4月15日	自民党本部交付金（政党交付金）		15,000,000円	
4月17日				安倍総理が克行議員と単独面会
4月26日	自民党本部交付金（政党交付金）	2,000,000円		
5月20日	自民党本部交付金（政党交付金）	3,000,000円	30,000,000円	
5月23日				安倍総理が河井克行議員と単独面会
6月10日	自民党本部交付金（政党交付金）	45,000,000円	30,000,000円	
6月20日				安倍総理が克行議員と単独面会
6月27日	自民党本部交付金（政治資金）	30, 000,000円		
7月1日			（選対に2,300万円を「寄付」支出）	
7月14日				安倍首相が参議院選広島選挙区に応援
7月21日				参議院選で案里候補が初当選
7月24日				安倍総理が克行・案里両議員と面会
7月31日	自民党本部交付金（政党交付金）	2,000,000円	2,000,000円	
8月15日				安倍総理が克行議員と単独面会
8月30日			（選対に105万円を「寄付」支出）	
9月3日				安倍総理が克行議員と単独面会
9月11日				安倍総理は内閣改造で克行議員を法務大臣に任命

面会などの事実については、「しんぶん赤旗」2020年6月24日を参照。なお、9月以降、自民党本部は、両支部にそれぞれ、10月31日に200万円ずつ、12月9日に200万円ずつ交付している。

郷原信郎弁護士は、「河井夫妻と自民党本部は一蓮托生～資金提供に『交付罪』適用の可能性」（BLOGOS ２０２０年６月19日15時３分）で、次のように指摘しています。

「今回の事件についても、資金を提供した自民党本部側が、『誰にいくらの現金を供与するのか』という点を認識していなくても、河井夫妻から、『案里氏を当選させる目的で』『自由に使ってよい金』として供与する資金であることの認識があって資金提供をすれば、『交付罪』が成立することになる。」

ちなみに、安倍首相は、自民党本部が計１億５０００万円を交付した昨年、河井克行氏と繰り返し面会しており、面談後に党本部が交付金を交付していました（前頁参照）。また、参議院選後、安倍首相は、克行議員と当選した案里議員の２人と首相官邸で面会していました。首相と他の参院選当選者との官邸での面会はなく、特別扱いでした（「首相　河井前法相と官邸面会12回　肩入れ際立つ　資金提供前後も　昨年単独９回」しんぶん赤旗２０２０年６月24日）。

また、安倍秘書団も安倍総理・総裁の指示で案里候補の選挙運動に数日投入されました。安倍首相は、６月18日の記者会見で時間内に応じきれなかった報道各社からの質問のうち、去年の参議院選挙の際、みずからの事務所の秘書が河井案里氏の支援のため広島を訪れたのかと問われたのに対し、翌19日の書面で、「私は河井候補と溝手候補の応援のため、広島を１度訪問し、また、私の指示により秘書が広島に入ったことは事実だ」と回答しました（「安倍首相〝私の指示により秘書が広島入り〟去年の参院選で」ＮＨＫ２０２０年６月19日21時29分）。河井克行議員が広島県議のスタッフに現金を渡した後の昨年５月、安倍首相の秘書がこの県議を訪ね、妻の案里候補者（当時）への支援を求めていました。克行議員は案里陣営が立ち上げたLINEのグループで首相秘書の回り先を細かく指示しており、現金の提供先を意識し、選定した可能性があります（「現金提供先を首相秘書が訪問　案里容疑者支援で前法相差配か」共同通信２０２０年7月6日15時56分）。

河井克行議員は昨年5月、総裁の安倍首相との面会資料として、案里陣営内の予算や、案里候補を支援するために広島入りした首相秘書団の活動を報告する文書を作成しており、全面支援を受ける中、安倍首相との情報共有を意識していたとみられる、と共同通信がスクープ記事を配信しました（「河井前法相、首相向けに資料作成　案里氏陣営の予算も記す」共同通信２０２０年7月9日19時46分）。

計1億５０００万円の河井夫妻の支部への交付金は安倍総裁らの判断で行われ、安倍総裁の指示で安倍秘書団を案里候補の選挙支援に投入したのですから、1億５０００万円の一部が安倍秘書団にも流れている可能性があります。案里選対本部幹部は次のように証言しています。

「安倍首相の秘書が広島入りしたときに県議などを紹介するために同行しました。安倍首相の秘書らは広島に宿泊しないにもかかわらず、いつもキャリーカートを持参していたので、変だなと思っていた。1億5千万円の選挙資金という報道があった後、なるほどと、納得しました」（「河井前法相夫妻と安倍首相の大誤算　逮捕許諾請求と1億5千万円の行方」AERA dot. ２０２０年3月13日7時）。

安倍秘書団が買収にかかわっていた場合、自民党本部側の一員として買収にかかわったのか、それとも、河井夫妻の側の一員として買収にかかわったのか、厳正に捜査する必要がありそうです。いずれにせよ、広島地検及び東京地検特捜部は、計1億５０００万円の使途の全容解明を通じて、自民党本部及び安倍秘書団の捜査・取り調べも行い、有罪にできる証拠があれば刑事事件として立件すべきです。

第4章

政治的な検察官人事

～黒川検事長の定年延長と検察庁法「改正」案～

第1節「官邸の守護神」黒川氏の定年延長人事とその影響

(1)黒川弘務東京高検検事長の違法な定年延長

安倍首相は私たちの背任罪での刑事告発に怯えたようで、あるいはまた、河井議員夫妻の買収事件が自民党本部や安倍秘書団にも波及することを恐れたようで、安倍政権はとんでもない暴挙に出ました。

首相官邸は稲田伸夫検事総長を早く「勇退」させ、黒川弘務東京高検検事長を次期検事総長に据える計画だったようですが、官邸の思い通りに稲田検事総長は辞任しませんでした。黒川弘務東京高検検事長は63歳になる2月7日に定年退官する予定でしたが、安倍内閣はその1週間前の1月31日の閣議において、「東京高等検察庁検事長黒川弘務の勤務延長について」という「人事案件」に関して「同検事長を管内で遂行している重大かつ複雑困難事件の捜査・公判に引き続き対応させるため、国家公務員法の規定に基づき、6か月勤務延長する」ことを決定したのです(閣議及び閣僚懇談会議事録(2020年1月31日(金)8時21分~8時35分)2頁、10頁)。

これは、国家公務員法の「特例規定」を根拠にして、黒川検事長の勤務を半年(8月7日まで)延長すると決定したことを意味していましたが、その「特例規定」とは、「その職員の職務の特殊性又はその職員の職務の遂行上の特別の事情」からみて「退職により公務の運営に著しい支障が生ずる」と認められる「十分な理由がある」ときに、「人事院の承認」を得れば国家公務員の1年未満の定年延長を認めている（第81条の3第1項）という規定です。

しかし、そもそも検察官の定年については、国家公務員法とは別に検察庁法が定めています。同法は、定年退職年齢につき「検事総長」は65歳、「その他の検察官」は63歳と明記しており（検察庁法第22条）、これは、「検察官の職務と責任の特殊性に基いて」国公法の特例を定めたものです（同法第32条の2）。したがって、検察官については、その「職務と責任の特殊性」を勘案した結果として検察官法により定年退職年齢を定めているのですから、国公法の「特例規定」を適用することは、そもそも想定されていないのです。

現に39年前の1981年4月28日の衆議院内閣委員会では、国家公務員の定年や定年延長を導入する国家公務員法改正案が審議された際に、当時から定年制のあった検察官や大学教員にも適用されるか問われた当時の斧誠之助政府委員（人事院任用局長）は、「検察官と大学教員につきましては、現在すでに定年が定められております。今回の法案では、別に法律で定められておる者を除き、こういうことになっておりますので、今回の定年制は適用されないことになっております。」と答弁していました（「第94回国会衆議院　内閣委員会　第10号　1981年4月28日」24頁）。当然の答弁です。

また、「国家公務員法の一部を改正する法律案（定年制度）想定問答集（昭和55年10月総理府人事局）」においては、「法律に別段の定めのある場合を除き」としている理由及び具体例いかん。」という問い（第46）に対し、「今回の定年制度法案は、現在法律により定年が定められている職員については、それぞれの法律によることとして、適用対象から外すという考え方を採っているので、『法律に別段の定めのある場合を除き』と規定している。具体例としては、検察官（検察庁法第22条により定年が定められている。）及び大学教員（教育公務員特例法第8条により大学管理機関が停年を定めることとされている。）がある。」と答え、また、「検察官、大学の教員については、年齢についてのみ特例を認めたのか。それとも全く今回の定年制度からはずしたのか」という問い（第47）に対しては、「定年、特例定年、勤務の延長及び再任用の制度の適用は除外されることとなる……」と答えていました（「法律案審議録（国家公務員法の一部改正）昭和55・56年第91・93・94国会総理本府関係」（内閣法制局）中「国家公務員法の一部を改正する法律案（定年制度）想定問答集（昭和55年10月総理府人事局）」）。

したがって、検察庁法の定年に関する規定は国家公務員法の「法律に別段の定めのある場合」に該当する以上、検察官は国家公務員法の「定年による退職の特例」を適用する余地がなかったのです。それゆえ、検察官の定年延長はこれまで一件もありませんでした。

要するに、黒川弘務東京高検検事長を定年延長した安倍内閣の閣議決定は違法なのです。

(2) 黒川氏の正体

黒川弘務氏は司法修習後に検事に任官され、のちに法務省に異動し、法務省大臣官房司法法制部司法法制課長、刑事局総務課長、大臣官房秘書課長、大臣官房審議官、松山地方検察庁検事正、大臣官房付に異動し、大臣官房長を経て、２０１６年9月5日法務事務次官、昨19年1月18日東京高等検察庁検事長となりました。

「実は黒川氏の法務事務次官就任は、官邸のごり押しによるもので、当時、法務・検察内部に立った波風はかなりのものだったらしい。法務事務次官には黒川氏と同期の林眞琴氏が就くというのが既定路線だったのだが、官邸はこの人事案を拒否し、官房長だった黒川氏を充てるよう要求した。」「後援会観劇ツアーで有権者を買収した小渕優子・元経産大臣、URへの口利きで現金を受け取った甘利明・元経済再生担当大臣。明白な証拠がそろっているこの2人の事件を潰したのは、当時の黒川官房長だったといわれる。」「東京地検特捜部が政界の捜査に入ろうとするさい、法務省に、なぜかお伺いを立てることになっている。」「一説によると、小渕、甘利の両事件ともに、黒川氏が突き返したらしい。もちろん、黒川氏はぬかりなく菅官房長官あたりに〝手柄〟を報告しただろう。」「官邸にしてみれば、黒川氏を法務・検察の中枢に置いておくメリットは計り知れないわけである。官房長から事務次官に黒川氏が昇格したのは、甘利氏の不起訴が決まって数か月後のことだった。」（新恭「安倍官邸が『禁じ手』を使ってまで検事総長にしたがる男の正体」2020年2月14日）

黒川氏は財務省の「森友学園」事件でも官邸の意向を受けて不起訴へと導いた人物のようです。すでに紹介したように、2017年7月13日には背任罪で、2018年4月18日には公文書変造罪で、同年5月30日には公用文書毀棄罪で、それぞれ大阪地方検察庁特捜部に刑事告発しました。佐川氏らに対する刑事処分が待たれる一方で、財務省は国会に調査報告書を提出しなければならない状況でした。このとき首相官邸には、刑事責任がないと分かったうえで甘い行政処分を出したいという思惑がありました。そこで官邸は法務省に佐川氏の不起訴処分を早く出せと〝巻き〟を入れ検察に介入したようです。

同年6月18日、日本共産党の辰巳孝太郎参院議員が参議院予算委員会で暴露した文書には、「5／23の夜、調査報告書をいつ出すかは、刑事処分がいつになるかに依存している。官邸も早くということで、法務省に何度も巻きを入れているが、刑事処分が5／25夜という話はなくなりそうで、翌週と思われる。」と明示されています（「記録『最高裁まで争う覚悟で非公表』隠ぺい今も　メモ入手　森友疑惑　辰巳氏追及　検察に官邸介入も」しんぶん赤旗　2018年6月19日）。その〝巻き〟を入れられた法務省の事務次官が黒川氏でした（「黒川高検検事長の定年延長　これが動機示す政府文書　2年前の参院委　辰巳議員が追及」しんぶん赤旗　2020年5月21日）。

結果として佐川氏らは「翌週」（2018年5月31日）不起訴になり、政権にとって「うまくいった」のです。

黒川氏は「安倍政権ベッタリ」と言われ、官邸関係者は次のように語ります。「黒川氏は菅義偉官房長官から絶大な信頼を寄せられ、いまも定期的に会食をする仲です。また、官房副長官の杉田和博氏とは菅氏以上に近しい関係で、頻繁に電話で連絡を取り合い、時には捜査の進捗状況などの報告を行なっているとみられています。杉田氏は中央省庁の幹部人事を握る内閣人事局長を兼務しており、黒川氏の人事発表後にも『国家公務員の定年延長はよくあること』と囲み取材で語るなど、今回の人事のキーマンでもあります」（「これでいいのか　検事長・黒川弘務氏の定年延長で『安倍政権ベッタリ』の検事総長が誕生する」週刊文春2020年2月13日号）。

安倍政権の思惑は、黒川氏が「安倍政権ベッタリ」なので、その黒川氏を次期検事総長にし、安倍政権にとって都合の良い検察にしたいからです。

（3）黒川・定年延長閣議決定の悪影響

その影響でしょう。前述の安倍内閣閣議決定がなされた日（２０２０年1月31日）付けで、東京地検特捜部は私たち研究者の安倍首相「背任罪」告発を受理せず、告発状と委任状を代理人弁護士に返送してきました。その理由の一つは、私たちが代理人弁護士に委任して告発状を送付したから、というものです。

しかし、私たち研究者はこれまで数多くの刑事告発を行ってきましたが、そのほとんどが代理人を通じての告発で、そのすべてが検察に受理されてきました。したがって、この度の不受理は、従来の実務と明らかに異なる取扱いであり、国民の告発権を実質的に侵害する、看過できない悪質な嫌がらせです。

私たちの代理人弁護士は、3月9日、従来代理人を通じた刑事告発を行ったことを指摘した意見書とともに、告発状の若干の補正をして告発状を東京地検特捜部に郵送しました。しかし、東京地検特捜部は、4月6日付で、再び同じ理由で不受理にしました。これに対しては補正書を作成し告発状を東京地検に送付するのか、それとも何らかの訴訟を裁判所に提起し裁判闘争するのか、現在、検討中です。

第2節　整合性なき安倍首相「閣議で解釈変更」答弁とその影響

(1) 安倍首相の「閣議決定での解釈変更」答弁

前述したように、政府は一般職の国家公務員の定年制度を定めた国家公務員法改正案が審議された

1981年当時、「検察官に適用されない」と説明していましたが、これについて安倍晋三首相は今年2月13日の衆議院本会議において「当時、検察庁法で除外されると理解していたと承知している」と認めつつ、「今般、検察庁法の特例以外には国公法が適用され、検察官の勤務（定年）延長に国公法の規定が適用されると解釈することとした」と答弁しました（「検事長定年延長、閣議決定直前に法解釈変更　野党『黒川氏残すためだ』」毎日新聞２０２０年2月17日21時7分）。

そして、政府は閣議決定前に解釈を変えたと証明するために、2月20日と21日にかけて衆院予算委員会の理事会に法務省、内閣法制局、人事院がそれぞれ作成した文書を提出しました（「首相答弁　信頼性揺らぐ　事前解釈変更、証拠なし　検事長定年延長」東京新聞 ２０２０ 年2月22日朝刊）。

(2) 法務大臣も人事院も「閣議での解釈変更」の認識はない

しかし、安倍首相の閣議決定後の2月13日「閣議での解釈変更」答弁には整合性がありません。というのは、安倍首相答弁の3日前の2月10日の衆議院予算委員会で、森（三好）雅子法務大臣は、立憲民主党の山尾志桜里衆議院議員から「大臣の見解では、制度として検察官の定年延長が認められるようになったのはいつからですか。」と質問され、「制度としては当初からだと認識しております。」と答弁したため、「当初というのはいつですか」と質問され、「国家公務員法が設けられたときと理解しております」と答弁したからです。つまり、森法務大臣は黒川検事定年延長閣議決定において国家公務員法の解釈が変更され検察官にも定年延長が認められるようになったという認識はないのです。

山尾議員は、同予算委員会で次のようにも発言していました。

「私の手元にありますけれども、昭和56年4月28日、衆議院内閣委員会、これは当時民社党の神田厚さんという議員がこういうふうに聞いています。『定年制の導入は当然指定職にある職員にも適用されることになるのかどうか。たとえば一般職にありましては検事総長その他の検察官、』『これらについてはどういうふうにお考えになりますか。』と聞いています。それに対して、斧政府委員、これは人事院の事務局の方です。『検察官と大学教員につきましては、現在すでに定年が定められております。』『今回の定年制は適用されないことになっております。』こういうふうに答弁していますよ……」。

そして、森法務大臣は、「その議事録の詳細を存じ上げておりません」などと答弁している。つまり、森大臣は過去の政府答弁を知らなかったのです（以上については、「国会　衆議院　予算委員会　第10号　2020年2月10日」22～24頁）。

また、2月12日、人事院の松尾恵美子総務局給与局長は、衆議院予算委員会において、「人事院としましては、国家公務員法に定年制を導入した際は、……昭和56年4月28日の答弁のとおり、検察官については国家公務員法の勤務延長を含む定年制は、検察庁法により適用除外されていると理解していたものと認識しております。」と答弁を行いましたし、また、「現時点あるいは平成25年の時点において、この81条の3の定年延長も含めて検察官については適用されないということで、人事院、宜しいでしょうか」との質問に対しても、「先ほど答弁したとおり、制定当時に際してはそういう解釈でございまして、現在までも、特にそれについて議論はございませんでしたので、同じ解釈を引き継いでいるところでございます」と明言しました（「第201回国会　衆議院　予算委員会　第11号　2020年2月12日」19～20頁）。

つまり、人事院は、1月31日の閣議決定によって安倍首相の答弁するように解釈変更をしたという認識ではないのです。以上の事実からすれば、安倍首相の「解釈変更」答弁は虚偽です。野党に追及され窮地に陥ったがゆえの辻褄合わせの答弁であり、整合性がありません。

「官邸の守護神」である黒川検事長の定年前に稲田検事総長を退職させて、そのあとすぐに黒川検事長を検事総長に据えれば、安倍首相ら官邸の目的は達成できました。しかし、稲田検事総長が官邸の思うように辞任しなかったのです。その為に、俄かに黒川の定年を迎える直前に、国家公務員法の定年延長が検察官に適用されないという従来の人事院の解釈を無視又は失念し、国家公務員法と検察庁法との関係に関する過去の政府答弁を確認しないまま官邸が「主導」して閣議決定したとしか考えられません。

（3）安倍首相の虚偽答弁の恐ろしい影響

安倍首相が後付けの虚偽答弁をした結果、人事院の松尾恵美子総務局給与局長は前述の2月12日の答弁を安倍首相の後付け答弁に合わせて翻すに至ります。同局長は、「現在まで」1981年の政府解釈を引き継いでいると答弁したことにつき、2月19日の衆議院予算委員会において「現在」とは「我々としては、法務省の方から1月の22日にそういう解釈が示された時点」と答弁せざるをえなくなりました。また、山尾議員の追及が終わらないので、「2月12日の答弁で、現在までと答弁したということであれば、それは撤回をさせていただいます。」と答弁し、安倍首相の本会議での虚偽答弁と辻褄を合わせる答弁を強いられたのです（「第201回国会　衆議院　予算委員会　第14号　2020年2月19日」29頁）。

これは、財務省が森友学園に超低額で国有地を売り払った問題が発覚した事案と実質的には同じです。２０１７年２月17日の衆議院予算委員会で、安倍首相が「私や妻がこの認可あるいは国有地払い下げに、もちろん事務所も含めて、一切かかわっていないということは明確にさせていただきたいと思います。もしかかわっていたのであれば、これはもう私は総理大臣をやめるということでありますから、それははっきりと申し上げたい、このように思います。」と答弁したために（「第１９３回国会　衆議院　予算委員会第12号　２０１７年２月17日」36頁）、財務省の佐川宣壽理財局等はいわゆる応接記録を廃棄したと虚偽の答弁をし、また職員に文書を改ざんさせていたのです（財務省「森友学園案件に係る決裁文書の改ざん等に関する調査報告書」２０１８年６月４日）。

人事院の松尾恵美子総務局給与局長の辻褄合わせの答弁や「撤回」答弁とは、これと本質的には同じである可能性が極めて高いのです。

第3節　検察庁法「改正」案問題

(1)「『桜を見る会』を追及する法律家の会」結成

前述の安倍内閣の１月31日の閣議決定後の２月４日、私たち「安倍首相背任罪」告発人の代理人の一人である澤藤統一郎弁護士から『桜を見る会』を追及する法律家の会」を結成するので、私に、その「呼びかけ人」の一人に就任してほしいとの連絡を電子メールと文書で受けました。

その内容を読むと、同会が追及するのは、安倍首相主催の「桜を見る会」だけではなく、安倍首相の政治団体「安倍晋三後援会」主催の「前夜祭」（夕食会）も追及の対象にしていました。私は、「呼びかけ人」になることは快諾しました。２月７日現在、呼びかけ人は私を含め33名でした。

安倍内閣の閣議決定から半月後の２月13日木曜日の正午、参議院議員会館Ｂ１０４号集会室で「『桜を見る会』を追及する法律家の会」結成総会が開催されました。私は残念ながら参加できませんでしたが、その時点で、同会「呼びかけ人」は１００名近い96人に増えていました。

その総会で、「呼びかけ人」の一人である泉澤章弁護士は、同会の結成趣旨を公表し説明しました。また、黒岩宇洋議員（立民）、池田真紀議員（立民）、奥野聡一郎議員（国民）、山井和則議員（無所属）、田村智子議員（共産）、山添拓議員（共産）から、それぞれに熱のこもった挨拶があったそうです（ブログ「『「桜を見る会」を追及する法律家の会』２・13結成集会」澤藤統一郎の憲法日記２０２０年２月13日）。

そして、同会は「前夜祭」（夕食会）をめぐり、早ければ３月に、公職選挙法と政治資金規正法の各違反容疑で東京地検に刑事告発する方針を表明しました（「桜を見る会『夕食会は公選法違反』弁護士が刑事告発へ」朝日新聞２０２０年２月13日19時28分）。

（２）安倍政権の検察法改悪案の国会上程

そうすると、安倍政権は新たな策動に出ました。3月13日、検察庁法改正案を含む国公法等の一部を改正する法律案を国会に提出したのです。

この改正案は、全ての検察官の定年を現行の63歳から65歳に段階的に引き上げた上で、63歳の段階で役職定年制が適用されるとするものですが、内閣又は法務大臣が「職務の遂行上の特別の事情を勘案し」「公務の運営に著しい支障が生ずる」と認めるときは、役職定年を超えて、あるいは定年さえも超えて当該官職で勤務させることができるようにしているのです。より具体的に言えば、管理職である最高検次長、高検検事長、地検検事正が63歳で役職を退くという「役職定年制」にしたうえで、内閣や法務大臣が認めれば、特例として役職定年後もその役職にとどまれるという例外規定を設け（検察庁法改正案第22条第5項、第6項など）、同時に、内閣や法務大臣などが認めれば、やはり特例として検事総長を含むすべての検察官について、65歳になってもその役職のまま定年退職を先送りできる「定年延長制度」も新たに導入しようとしているのです（同第22条第2項など）。

つまり、政権側の裁量で63歳の役職定年の延長、65歳以降の勤務延長を可能にするものであり、したがって、政権側が検察官人事に介入をすることを可能にし、それは検察官全員に心理的影響を与える可能性があります。

そもそも検察官は政治家をも犯罪容疑で起訴する権限があるので、当然政権からも一定の「独立性」を確保する必要があるため、従来の内閣は、検察官の人事については検察内部の慣行を尊重する形で昇格人事案を追認してきました。それを本質的に変え、政権の人事介入を可能にするもので、明らかな検察庁法の改悪法案なのです。

もちろん、この法案は、前述の黒川氏の違法な閣議決定を追認する法案でもありますし、さらに黒川氏をできるだけ長く検事総長にするための法案でもあります。野党共同会派の小西洋之参議院議員は、黒川氏のことを念頭にしながらも一般論として「今年2月に63歳の定年を迎える検事長がいた場合、今の法制度と改正される新たな検察庁法の規定により、検事総長を続けることができるのは何歳までか？」と尋ねたところ、法務省刑事局の回答は「68歳まで続けられる」でした。

つまり、黒川氏は68歳になるまで〝官邸の守護神〟としての役目を存分に果たすことができるというわけですから、検察庁法改正案は「安倍官邸の、安倍官邸による、検察支配のための法案」であり、「政権の検察支配法案」と呼ぶのがふさわしい法案なのです（相澤冬樹「黒川検事長は検察庁法改正で68歳まで検事総長をできると法務省～やはり『政権の検察支配法案』」20年5月12日16時42分）。

しかし、この策動は後述するように失敗に終わるのです。

第5章

安倍政権の政治的体質と自民党の変質

～保守からの右旋回～

第1節　説明責任の放棄と隠蔽体質

(1) 安倍政権の隠蔽体質

安倍政権にとって都合の悪い真実を隠蔽することがその政治的体質であることは、すでに紹介した財務省の「森友学園」事件における公文書の改竄・廃棄事件（本書第1章）、「桜を見る会」における招待名簿・一部推薦者名簿「廃棄」事件、「前夜祭」収支の政治資金収支報告書不記載事件（同第2章）など複数の事件・問題が証明しています。このような政治的体質は安倍政権の本質的な病理です。

2018年9月の自民党総裁選挙に立候補した石破茂・元幹事長が同年8月10日の記者会見で総裁選への立候補の意向を正式に表明したときに「正直、公正」な政治姿勢を打ち出しましたが、それは、森友学園事件・加計学園事件をめぐる安倍政権の対応などを念頭に置いたものでした（「自民総裁選、石破氏が出馬表明『正直、公正』を主張」朝日新聞2018年8月10日16時24分）。自民党内においても、安倍政権の嘘、隠蔽、不公正さは異常な病理なのです。

とはいえ、注意しなければならないのは、安倍政権の隠蔽のうち、公文書の悪質な改竄にばかりに目を奪われてはならないということです。財務省の「森友学園」事件では、前述したように近畿財務局の職員が自殺しているので、それ以降、さすがに改竄を職員に強制はしないものの、公文書を平気で廃棄することが続いているうえに、そもそも記録を残さないことが安倍政権の「常識」になっているという異常さです。

この点につき他の例をあげましょう。森友学園・加計学園問題などを受けて政府は２０１７年12月に公文書ガイドラインを改定し、官邸を含む府省庁に、政策や事業方針に影響を及ぼす打ち合わせ記録の作成を義務づけましたので、毎日新聞は、公文書ガイドライン改定後から２０１９年1月末までの1年余りの面談について、安倍晋三首相と省庁幹部らとの面談で使われ首相や秘書官らが受け取った説明資料と、議事録などやりとりが分かる記録を首相官邸に情報公開法に基づき請求したのですが、全て「不存在」と回答され、官邸が記録の保存期間を裁量で廃棄できる1年未満に設定していることも判明したのです。

官邸の担当者は「記録は政策を担当する省庁の責任で管理すべきだ」と説明したので、同新聞が、重要とみられる16件を抽出して府省側に同様の請求をしたところ、10件については説明資料の保有を認めたものの、どの府省も議事録の保有を認めなかったというのです（「公文書クライシス　首相と省庁幹部の面談記録『不存在』　官邸1年未満で廃棄」毎日新聞２０１９年4月13日20時4分）。

毎日新聞が請求した公文書は、首相の政策判断の検証に必要です。しかし、それを残そうとしない安倍政権は明らかに公文書管理法や情報公開法を無視したに等しく、説明責任を果たすことを放棄し、「法の支配」を拒否する隠蔽体質の現れです。

（2）違憲の戦争法の実行のために「日報」の隠蔽

以上は、安倍政権の自己保身による隠蔽ですが、もう一つ注意しなければならないことは、安倍政権の隠蔽が安倍政権の進めてきた重要政策そのものにおいても行われたことです。

後で少し詳しく取り上げるいわゆる戦争法は２０１５年９月に成立しましたが、それにより、自衛隊の新任務の一つとして「駆け付け警護」が認められることになりました。政府はこれまで南スーダンに自衛隊を国連平和維持活動（ＰＫＯ）のために派遣していたので、最初に「駆け付け警護」の新任務が付与されるのは、南スーダンのＰＫＯ活動になると予想されていました。

まず、翌２０１６年10月25日、安倍内閣は、国家安全保障会議九大臣会合を経て、南スーダンＰＫＯの実施計画の変更、すなわち、国連南スーダン共和国ミッション、ＵＮＭＩＳＳへの自衛隊施設部隊等の派遣期間を5か月間（２０１７年3月31日まで）延長すると閣議決定しました（「南スーダン国際平和協力業務実施計画の変更（派遣期間の延長等）」）。

稲田朋美防衛大臣（当時）は、「私自身、今月の8日に現地に入ってきました。そこで、南スーダンの政府関係者にもお会いをいたしましたし、国連のロイ特別代表にもお会いをしたところであります。そして、ロイ代表からは、ジュバ市内の状況についても、7月のような武力の衝突が今後起きる可能性は低いというようなお話しもございました。私自身も、そのジュバ市内で比較的安定をしている状況、それは市民の皆様方、子供や女性も含めて、普通の生活をされている状況を見たところです。」と説明しました（「防

衛大臣記者会見概要」平成28年10月25日8時47分〜8時55分)。

次に、同年11月15日午前、安倍内閣は、南スーダンの国連平和維持活動(PKO)に派遣する陸上自衛隊の部隊に、安全保障関連法に基づく新任務「駆けつけ警護」を付与することなどを盛り込んだ実施計画を閣議決定しました(「南スーダン国際平和協力業務実施計画の変更(新任務の付与等)」)。

一方、ジャーナリストの布施祐仁氏は、2016年9月30日に「南スーダン派遣施設隊が現地時間で2016年7月7日から12日までに作成した日報」に係る行政文書を情報公開請求しました。これに対し、防衛大臣は、同年10月30日付通知により、「開示決定にかかわる事務処理や調整に時間を要する」という理由で「開示決定期限延長」を行いました。そして、同年12月2日付で、「既に破棄しており、保有していなかった」として、「文書不存在につき不開示」とする処分(防官文第20261号)をしました(「南スーダン撤退 あの日報を引きずり出した情報公開請求の『威力』」現代ビジネス2017年3月11日)。

しかし、河野太郎衆議院議員が再調査を求め、範囲を広げて再度調べたところ、防衛省統合幕僚監部で電子メールが見つかったとして、2017年2月7日、防衛省は、当該「日報」を公表しました(増田剛・NHK解説委員「南スーダンPKO 自衛隊『日報』問題」(時論公論)2017年2月21日)。つまり、実際には存在し保有されていたにもかかわらず、国(防衛大臣)は文書不存在を理由に非開示処分をしたのです。

布施氏は、最初不開示処分の決定とその前に行われた開示決定期限延長がなされたときのことを次のように語っています(前掲「南スーダン撤退 あの日報を引きずり出した情報公開請求の『威力』」)。

「この決定には強い違和感を持ちました。……、わずか3、4カ月前に作成された文書が廃棄されて存在しないというのは、初めてのことでした。しかも、これから先の訓練内容を考えるための基礎資料として活用されているような自衛隊にとっても重要な文書が、こんな短期間に廃棄されているなんてあり得ないと思いました。

その直前の11月15日、政府は新たに南スーダンに派遣する自衛隊の部隊に駆け付け警護の新任務を付与する閣議決定を行いました。そして、同30日に、第11次隊が青森から出国した。請求開示期限を延長したのは、新任務付与と派遣前に議論が起こることを避けたかったからではないかと思えてなりません。」

布施氏に公開された「日報」には、「戦闘」という文言が何度も出てくるため、当時、「ジュバは安定している」という政府の従来の見解に偽りがあるのではないか、という議論に発展しました。布施氏は次のように指摘しました（前掲「南スーダン撤退　あの日報を引きずり出した情報公開請求の『威力』」）。

「第11次隊が派遣される前に日報が開示されていれば、自衛隊に駆け付け警護を付与すべきかどうかについて、もっと活発かつ有益な議論が交わされていたはずです。国民や国会が真実をもとに議論する機会を奪われたということを、深刻にとらえなければなりません。不幸中の幸いというべきか、今回の請求がきっかけとなって再度議論がはじまり、安倍首相は南スーダンの撤退を決断しました。……」

要するに、防衛大臣は、情報公開請求した布施氏に対し、「戦闘」という文言が何度も出てくる「日報」を開示すると、「戦闘地域に自衛隊を派遣することは、ＰＫＯ法にも憲法にも反している」との意見がマスコミでも報道されてしまい、新任務「駆けつけ警護」を付与して自衛隊を南スーダンに派遣したい安倍政権にとって不都合なので、実際には「日報」が廃棄されず存在するのに、「廃棄して存在しない」と虚偽の理由で不開示処分をしたのです。

（3）新型コロナウイルス対策政府専門家会議の議事録不作成

「行政文書の管理に関するガイドライン」（2011年4月1日内閣総理大臣決定）は「国家・社会として記録を共有すべき歴史的に重要な政策事項であって、社会的な影響が大きく政府全体として対応し、その教訓が将来に生かされるようなもののうち、国民の生命、身体、財産に大規模かつ重大な被害が生じ、又は生じるおそれがある緊急事態（……「歴史的緊急事態」……。）に政府全体として対応する会議その他の会合（……）については、将来の教訓として極めて重要であり、……会議等の性格に応じて記録を作成するものとする。」と定めています。これは2011年の東日本大震災と福島第一原発事故当時、政府が開いた各種の会議の議事録などの記録が残されておらず、政府の意思決定のあり方を検証することが難しくなった反省からつくられた規定です。

安倍内閣は、今年3月10日の閣議で、「今般の新型コロナウイルス感染症に係る事態は、行政文書の管理に関するガイドライン（……）に規定する『歴史的緊急事態』に該当するものとする」と了承しました。つまり、安倍内閣は新型コロナウイルス対策が「歴史的緊急事態」と認識し、政府の対応の教訓が将来に活かされるよう会議の議事録を作成すると決定したのです。

しかし、同ガイドラインでは、「政策の決定又は了解を行わない会議等」では発言者を記載した文書を作成しなくても良いと定められているため、新型コロナウイルス対策を検討してきた政府専門家会議については、議事の概要と資料は公表されているものの、各出席者の詳細な発言は記されていません。

そこで、共同通信が新型コロナウイルス対策を検討してきた政府専門家会議の議事録を情報公開請求したところ、政府は議事録を作成していないと、事務局の内閣官房が回答したそうです（「コロナ専門家会議、議事録作らず　歴史的事態検証の妨げに」２０２０年5月28日19時28分）。また、ハフポスト日本版の取材に対し内閣官房の担当者は、「速記者を入れている」が「録音はしていない」と話し、記録を議事概要にとどめた理由については「誰が発言したかよりも、どんな内容が話されたかではないか。（発言者名を明記すると）自由に議論していただけないのではないか」と話したというのです（「コロナ専門家会議、議事録作成せず、録音もなし。内閣官房『自由な議論できない』」２０２０年5月29日10時21分）。さらに、菅義偉官房長官は6月1日の記者会見で、新型コロナウイルスを巡る専門家会議には基本的に速記が入っていると説明していますが、加藤勝信厚生労働相は翌2日の参議院厚生労働委員会で、同会議の初回と3回目に速記者が入っていなかったことを明らかにしました（「議事録の初回と3回目、速記なし　コロナ専門家会議で厚労相」２０２０年6月2日12時33分）。

これでは、今後、安倍政権の対策内容等の検証が十分にできるはずがありません。

専門家会議のメンバーの川崎市健康安全研究所の岡部信彦所長は、5月14日の専門家会議後の記者会見で「私たちも、誰がどう発言したか、責任を持ったほうが良いので、そういう方（議事録を公開）がありがたい」と発言し、議事録を公開しないという政府の方針に異を唱えました。また、尾身茂副座長は、5月29日、同日の専門家会議では発言者を明記した議事録を公開することを検討するよう求めた構成員がいたこと明かし、発言者を明記した議事録を公開することに「反対していると言う人はいないんです」と言及し、「個人的には出しても問題ないと思います。名前を出すのは、全然問題ない。」と発言しました（「コロナ専門家会議の議事録、存在しないのは政府の決定。専門家『名前を出すのは、全然問題ない』」BuzzFeed　2020年5月30日14時24分)。

しかし、西村康稔経済再生担当大臣は6月7日の記者会見で、新型コロナウイルス対策の専門家会議の議事録作成を見送り、速記録の保存にとどめる方針を示しました。速記録は明らかにせず、新たに発言者名は記載するものの、従来と同様に議論の要点をまとめた議事概要だけを公表するというのです（「コロナ専門家会議の議事録見送り　政府、概要には発言者名を記載」2020年6月7日18時3分)。

元経済産業省官僚の古賀茂明氏は、「政府が決定した政策と専門家会議の議論が矛盾していることや会議の議論から政策対応までにやたらと時間がかかっていることが、後からわかってしまうリスクがあることを恐れている」と指摘しています（「古賀茂明があえて言う『議事録公開に意味がない理由』〈週刊朝日〉AERA dot. 2020年6月9日7時)。

第2節　立憲主義と民意の蹂躙

(1) 1994年「政治改革」の恩恵を受けて政権の座に

今から4半世紀前になりますが、いわゆる「政治改革」が1994年に強行されました。衆議院議員を選出する選挙制度は、中選挙区制が廃止され、小選挙区選挙が中心で比例代表選挙を付け足した小選挙区比例代表並立制に改悪されました。また、政治資金制度についても、企業・団体献金が禁止されないまま、税金を原資とした政党助成制度（年間320億円弱）が新設されるなどして政党（本部）中心へと改められました。政党助成制度は、衆参の選挙制度の結果に連動しているので、各政党の議席占有率・得票率が高ければ、政党助成金も高額になる仕組みであるため、衆議院の小選挙区選挙や参議院の選挙区選挙は自民党の過剰代表を生み出すため、自民党は政党助成金も過剰交付されてきました。

そのお陰で第一次安倍政権は誕生しましたし、安倍衆議院議員が再度自民党総裁になった直後の2012年総選挙でも過剰代表のお陰で安倍総裁は再度首相に任命され、第二次安倍政権を誕生させました。その後の衆参国政選挙でも、自民党は過剰代表と過剰交付の恩恵を受け、政権に居座り続けることができました。安倍自民党は決して過半数の得票率を獲得して政権の座にあるわけではないのです。

（2）「戦後レジームからの脱却」を目指した第一次安倍政権の教育基本法改悪

安倍晋三氏は1954年に安倍晋太郎氏の次男として東京都で誕生。父・晋太郎氏は、後に自民党衆議院議員、父方の祖父は衆議院議員だった安倍寛氏、母方の祖父は岸信介・元首相、大叔父は佐藤栄作・元首相であり、政治家一族であるうえに、いわゆるタカ派の議員でした。2004年1月には安倍晋三・岡崎久彦『この国を守る決意』（扶桑社）を、2006年4月にはPHP研究所編集『安倍晋三対論集―日本を語る』（PHP研究所）を、それぞれ出版し、安倍晋三氏は、カルロス・ゴーン、北村経夫、日比谷二郎、櫻井よしこ、葛西敬之、八木秀次、中西輝政、佐々淳行、宮古森義久、内義彦ら超保守の論客らと対論しています。同年7月には安倍晋三『美しい国へ』（文春新書）を出版しました。

第三次小泉純一郎改造内閣（２００５年10月31日）で内閣官房長官として初入閣した安倍晋三衆議院議員は、２００６年９月、戦後最年少で戦後生まれとしては初めての内閣総理大臣に就任しました（同月26日、安倍晋三内閣誕生）。安倍首相は小泉構造改革を引継ぎ加速させる方針を示すと同時に、「美しい国」というテーマの下に「戦後レジームからの脱却」などを表明しました。

「政治改革」以降、その恩恵を受けて自民党・公明党の連立政権、とりわけ小泉純一郎政権は、「聖域なき構造改革」という名の新自由主義政策を強行してきましたし、また、同盟国であるアメリカの自衛隊海外派兵要求に応える形で軍事大国化に向けて新保守主義政策を強行してきましたが、安倍自民党とその政権はさらに右傾化し変質してきました。

１９４７年制定の教育基本法は、前年に公布された日本国憲法の理念を踏まえ、教育の目的として「個人の尊厳を重んじ、真理と平和を希求する人間の育成」を目指し、「教育の方針」として「学問の自由を尊重」することを掲げ、「教育行政」における「不当な支配」を禁止し、教員の身分の尊重と待遇の適正を求めていました。

しかし、２００６年12月には第一次安倍晋三内閣のもとで教育基本法「改正」（改悪）が強行され、「教育の目標」として「学問の自由を尊重しつつ」としながらも（第２条）、「伝統と文化を尊重し、それらをはぐくんできた我が国と郷土を愛する」ことが明記され（同条第５号）、「教育行政は、国と地方公共団体との適切な役割分担及び相互の協力の下」に行われることになり（第16条第１項）、国や地方公共団体はこれを根拠に教育に介入できるようになりました。

（3）「専守防衛」の枠さえ超えて立憲主義と民意の蹂躙

2014年7月1日、安倍内閣は次のような閣議決定を行いました。

「我が国に対する武力攻撃が発生した場合のみならず、我が国と密接な関係にある他国に対する武力攻撃が発生し、これにより我が国の存立が脅かされ、国民の生命、自由及び幸福追求の権利が根底から覆される明白な危険がある場合において、これを排除し、我が国の存立を全うし、国民を守るために他に適当な手段がないときに、必要最小限度の実力を行使することは、従来の政府見解の基本的な論理に基づく自衛のための措置として、憲法上許容されると考えるべきであると判断するに至った。」

この閣議決定では、日本が外国から武力攻撃を受けていなくても「我が国と密接な関係にある他国に対する武力攻撃が発生」したら、他国の戦争に参戦することを認めています。これは、つまり、他国を衛る権利（他衛権）である「集団的自衛権」の行使について認めたものです。更なる「解釈改憲」の強行でした。

そして、翌2015年9月19日、安全保障関連法案（「我が国及び国際社会の平和及び安全の確保に資するための自衛隊法等の一部を改正する法律案」及び「国際平和共同対処事態に際して我が国が実施する諸外国の軍隊等に対する協力支援活動等に関する法律案」）が成立。いわゆる戦争法の成立であり、「立法改憲」です。

安倍政権は、「専守防衛」の方針を放棄し日本を「戦争のできる国」にするための明文改憲を行いたいのですが、国民の反対も強く、それが実現できないので、更なる「解釈改憲」と「立法改憲」でその目的

安倍政権の閣議決定前の集団的自衛権行使の解釈変更について世論調査結果

発表メディア	質問項目	賛成	反対
読売新聞(2014年3月15日)	集団的自衛権行使の解釈変更について	27%	43%
毎日新聞(2014年3月30日)	集団的自衛権行使の解釈変更について	30%	64%
朝日新聞(2014年4月6日)	集団的自衛権行使の解釈変更について	29%	63%
共同通信(2014年4月12日)	集団的自衛権行使の解釈変更について	38%	52.1%
NHK (2014年4月14日)	集団的自衛権行使の解釈変更について	21%	30%

2015年6月の安保関連法案についての世論調査結果…60%近くが反対

発表メディア	質問項目	賛成	反対
読売新聞(2015年6月8日)	安全保障関連法案の今国会での成立について	30%	59%
朝日新聞(2015年6月22日)	安全保障関連法案への賛否について	29%	53%
産経新聞(2015年6月29日)	安全保障関連法案の今国会での成立について	31.7%	58.9%
NHK(2015年6月8日)	安全保障関連法案の今国会での成立について	18%	37%
日本テレビ(2015年6月14日)	安全保障関連法案の今国会での成立について	19.4%	63.7%
共同通信(2015年6月21日)	安保法案に	27.8%	58.7%

安保関連法案強行採決に批判的で同法案成立に「反対6割前後」の世論

発表メディア	質問項目	賛成	反対
毎日新聞(2015年7月19日)	安保法案に	27%	62%
	今国会成立について	25%	63%
朝日新聞(2015年7月19日)	安保関連法案の今国会成立について	20%	69%
	安保法案採決強行について	17%	69%
	解釈改憲での集団的自衛権法整備に	10%	74%
日本経済新聞(2015年7月26日)	安全保障関連法案の成立について	26%	49.7%
産経新聞(2015年7月20日)	安全保障法案の今国会成立について	29%	63.4%
読売新聞(2015年7月26日)	安保法案今国会成立について	26%	64%
時事通信(2015年7月17日)	安保法案は合憲だという意見に	19.8%	53.8%
共同通信(2015年7月18日)	安保法案今国会成立について	24.6%	68.2%

の一部を実現したのです。明らかな立憲主義の蹂躙です。目的も酷いのですが、目的のためには手段を選ばないのが安倍政権の政治手法ということになります。

また、この立憲主義の蹂躙が民意の蹂躙でもあったことも極めて重要です。閣議決定前2014年3月・4月の世論調査結果を振り返ると、集団的自衛権行使を「合憲」とする解釈変更（「解釈改憲」）について「賛成」は30％程度で、反対は多いもので60％を超えていました（前頁参照）。

安保関連法案（戦争法案）についての世論調査結果（2015年6月）も基本的に同じで、「賛成」は30％程度しかなく、「反対」は60％前後もありました（前頁参照）。2015年7月15日の衆議院特別委員会で安倍首相は安保関連法案について「国民の理解が得られていないのは事実だ」と認めました。しかし、自公与党は、その直後、同法案の採決を強行したのです。同法案が成立後の世論調査でも基本的には同じで、採決強行に「反対」は60％前後あり、中には70％を超える結果もありました。明らかな民意の蹂躙でした。

要するに、安倍政権・与党の更なる「解釈改憲」「立法改憲」は、立憲主義の蹂躙であり、かつ、民意の蹂躙でもあるのですから、安倍政権のやり方は前近代的政治手法なのです。

(4) 違憲の教育勅語を小学校教育へ

森友学園が経営する幼稚園は園児にいわゆる教育勅語を素読させていました。

2017年3月8日の参議院予算委員会で稲田朋美防衛大臣は、「教育勅語の精神である親孝行や、友だちを大切にすることなど、核の部分は今も大切なものとして維持しており、そこは取り戻すべきだと考えている」、「教育勅語の精神である、日本が高い倫理観で世界中から尊敬される道義国家を目指すべきだという考えは、今も変わっていない」と述べました。また、「教育勅語が戦前、戦争への道につながるなど、問題を起こしたという意識はあるか」と問われたのに対し、「そういうような一面的な考え方はしていない」と述べました（「稲田防衛相『教育勅語の核の部分は取り戻すべき』ＮＨＫ２０１７年3月8日18時44分）。

しかし、「教育勅語」（教育ニ関スル勅語）は、自由民権運動を弾圧して制定された大日本帝国憲法の施行（１８９０年11月29日）の1か月後（同年10月30日）に発布されたもので、それ以来、学校の式典等で朗読され、日本は、戦争に明け暮れ、多くの国民がその戦争に動員され、犠牲にもなりました。

「教育勅語の核」は、その歴史的役割を踏まえて考えれば、主権者天皇がその臣民（国民）に対し、儒教的な道徳を一方的に強要することに加えて、「常に（天皇主権で基本的人権を保障せず戦争を許容し臣民の兵役の義務を課していた）大日本帝国憲法を尊重し、（そのもとで制定された）法律を遵守しなさい」、「もし非常事態が起きたら勇敢に公（＝国家）に身を奉げ（＝滅私奉公し）、これによって、永く繫栄し続ける皇室の運命を助けなさい」と命じたところにあります（「常ニ国憲ヲ重ンジ国法ニ遵ヒ」「一旦緩急アレバ義勇公ニ奉ジ、以テ天壌無窮ノ皇運ヲ扶翼スベシ」）。

だからこそ、「ポツダム宣言」を日本が受諾した翌１９４６年10月9日、文部省令によって、国民学校令施行規則の一部が改正され、「教育勅語捧読」などに関する規定が削除され、教育勅語に代わるものとして教育基本法が翌47年に帝国議会で制定されました（同年3月31日公布・施行）。そして、日本国憲法が同年5月3日に施行された翌48年6月19日に、衆議院が「教育勅語等排除に関する決議」を、参議院が「教育勅語等の失効確認に関する決議」を行いました。日本国憲法前文は「人類普遍の原理」に戻づく日本国憲法に「反する一切の憲法、法令及び詔勅を排除する」と明記していた（前文。さらに第98条）ので、両決議はこれを確認したものと解すべきです。

要するに、「教育勅語の核」は、ポツダム宣言に矛盾し、日本国憲法の国民主権主義、基本的人権尊重主義、非軍事平和主義に反するものなのです。にもかかわらず、教育勅語を素読する幼稚園児の受け皿としての小学校の新設に協力し口利きしたのが安倍首相夫妻らでした（本書第1章）。

第3節　議会制民主主義否定の官邸主導政治

(1) 従来の保守・ハト派を服従させる安倍総裁と官邸主導

1994年「政治改革」前の自民党は、衆議院議員を選出する選挙制度が中選挙区制だったので、複数派閥の連合体の保守政党でした。ところが、経済界が求めた「政治改革」のお陰で、自民党は、衆参国政選挙における公認権と政治資金の配分権を掌握した総裁を中心に執行部の権限が強固な政党へと変質しました。その結果、従来以上に財界政党としての性格を強め、この点でも変質してきました。

党本部の強い権力を強く印象付けたのは、小泉純一郎内閣が2005年に郵政民営化法案をめぐり、衆議院が同法案を可決したにもかかわらず、同法案を参議院が否決したために、衆議院を解散し、衆議院総選挙になった時、同法案に反対した衆議院議員を公認せず、いわゆる刺客を送り込み、同議員を落選させたことでした。これは、自民党の国会議員に対し、総理総裁の権力の強大さを見せつけたのです。

この点、自民党をさらに右旋回させたタカ派の安倍総裁の場合は、自民党内の保守・ハト派を支配し服従させてきました。そして、安倍総裁に批判的な議員（溝手顕正・元防災担当大臣）を落選させたのが、2019年参議院通常選挙における広島選挙区の選挙でした（本書第3章）。

そしてまた、自民党総裁の権力が強大になったがゆえに、総理・首相の権限強化も容易になり、政治と行政の在り方は官邸主導へと移行してきました。それは安倍政権において顕著になりました。

(2)「腹心の友」のために国家戦略特区が悪用された加計学園事件

「加計学園」の加計孝太郎理事長は、安倍晋三首相が1977年秋からの留学、南カリフォルニア大学在学時の同窓生の一人で40年来の付き合いがあり、「腹心の友」と公言している人物です。安倍首相の妻・昭恵氏が2015年12月にフェイスブックで紹介した「お友達の悪巧み」パーティー写真に写った4人のうちの2人が安倍首相と加計理事長でした。

「加計学園」が経営する岡山理科大学は、安倍首相が強力に進めた、官邸主導の「国家戦略特区」であり、「加計ありき」のレールが敷かれたお陰で「獣医学部」を新設できました。

同大学は、その計画時において愛媛県今治市が造成した約37億円相当のキャンパス用地を無償で譲り受け、施設整備費用192億円のうち96億円を今治市と愛媛県が助成していました。マスコミは加計学園を

「第二の森友」と評しましたが、森功著『悪だくみ―「加計学園」の悲願を叶えた総理の欺瞞』(文芸春秋)によると、森友が「第二の加計」と評されています。

同学園が獣医学部新設を目指したのは今世紀初め。「千葉科学大学」を開学し、その後で「獣医水産学部」追加設置を目指しましたが、皮肉にも、それを阻んだのは、安倍氏が官房副長官を務めた小泉内閣でした。同内閣は様々な規制緩和を進めましたが、獣医学部などの新設については2003年告示で「岩盤規制」を設定したからです。

ところが、加計理事長念願の「獣医学部」新設を強引に叶えたのは、2012年末に再び首相になった安倍氏で、「総理のご意向」(2016年10月)だったのです。「加計学園」が国家戦略特区に獣医学部を新設する計画について、文部科学省は、特区を担当する内閣府から「官邸の最高レベルが言っている」「総理のご意向だと聞いている」などと言われたとする記録を文書にしていたのです(「加計学園の新学部『総理のご意向』文科省に記録文書」朝日新聞2017年5月17日5時)。

安倍首相の「腹心の友」のために官邸主導の公的な「国家戦略特区」が悪用され、私物化されたのです。

(3) 安倍政権の官僚人事介入とその影響

官邸主導という点でいえば、官僚人事問題が指摘できます。安倍首相は高級官僚の人事に介入することを通じて悪法・悪政を強行してきました。例えば、安倍内閣は、前述したように2014年の閣議で集団的自衛権(他衛権)の行使につき違憲論から「合憲」論へと「解釈改憲」を強行し、その翌2015年には戦争法を衆参の議席数の力で強行採決し、可決・制定させましたが、その前に（2013年）内閣法制局長官に集団的自衛権行使の積極容認派の小松一郎・元駐仏大使を抜擢していました。これは、「法の支配」ではなく、まさに「人の支配」の結果による立憲主義の蹂躙でした。

また、安倍政権は、2014年の通常国会において国家公務員法等の一部を改正する法律を成立させ、同年5月に国家公務員の人事制度を所管する機関「内閣人事局」を設立しました。幹部職員となるためには内閣総理大臣による適格性審査を経なければならず、その審査の結果、幹部職員として必要な「標準職務遂行能力」を有していると判断されれば、幹部候補者名簿に掲載され、この名簿から各府省の幹部が任命されることにしたのです（国家公務員法第34条第1項第5号・第6号、第61条の2など）。こうした内閣総理大臣の権限は内閣官房長官に委任することができます。各府省の人事権者は各大臣ですが、幹部職員の人事については内閣総理大臣および内閣官房長官と協議した上で行うこととされており、幹部人事は大臣の一存で決められない仕組みになったのです。

つまり、国家公務員の幹部人事を、官邸の下、内閣人事局に一元化したことで、人事への官邸の影響力が強くなったのです。そもそも国家公務員は上司の意向を気にするので、内閣人事局の新設は高級官僚を大なり小なり管理する上で大きな役割を果たしてきました。

この仕組みが歴史修正（改竄）主義の安倍政権の下で、政府の違法行為と証拠の文書の隠蔽を事実上強制してきました。財務省の森友学園への国有地の売払い（財政法違反）事件で、官僚に交渉記録の改竄と公文書の廃棄答弁を強いることに「成功」しました。また、この事件で私と弁護士らが背任罪、私が公文書変造罪と公用文書等毀棄罪で、それぞれ刑事告発した件で、大阪地方検察庁に立件を断念させることにも「成功」しました。この不起訴は2018年5月末日で黒川弘務氏がまだ法務事務次官だったときです。

これらの「成功」体験があり、安倍政権は自己保身も兼ねて官邸の守護神である黒川弘務東京検察庁長官の違法な定年延長（検察庁法違反）を強行しました。そして、それを法的に追認するためにも、また、全国の検察官を完全掌握するためにも、前述したように検察庁法「改正」案を成立させようと画策したのです（本書第4章）。

（4）安倍政権のために尽くした官僚には甘い処分

官邸主導になり、官僚人事に介入できるようになれば、官僚の不祥事に対しても厳しく処分する方向に動くはずですが、実際に起きているのは、その逆です。

第2章で取り上げた安倍首相主催の「桜を見る会」の招待者名簿、推薦者名簿の管理を巡り、内閣府は今年1月17日付で、人事課長経験者の内閣府審議官ら幹部計6人、このうち5人は11〜17年度に人事課長を務め、招待者名簿を政府の行政文書ファイル管理簿に記載するのを怠ったとして、また、昨年11月に参議院予算委員会に推薦者名簿を提出した際、推薦部局名を原本から削除し説明もしなかったとして人事課長も、厳重注意の矯正措置とする処分にしました（「『桜』名簿管理巡り内閣府幹部6人を厳重注意処分　公文書管理法違反」毎日新聞2020年1月17日19時37分）。

この処分につき、元経済産業省官僚の古賀茂明氏は、懲戒処分ではなく「超大甘」の措置にすぎないと評しています。というのは、公務員の「処分」には、国家公務員法に規定された「懲戒処分」（免職、停職、減給、戒告）と省庁ごとの内規で定めている「措置」（訓告、厳重注意、注意など）の2種類があり、人事院の「義務違反防止ハンドブック」によれば、「厳重注意」は「処分」ではなく、職員に対する指導、監督上の「措置」に過ぎず、人事記録にも残らず、その次のボーナスで最高評価は得られないという程度の影響しかないからというのです（古賀茂明「『桜を見る会』で内閣府幹部〝処分〟はフェイク」AERA dot. 2020年1月28日7時）。

なぜ「超大甘の措置」しかなされなかったかを考えると、2つの可能性がありそうです。第一の可能性は、そもそも名簿の廃棄はなされていないというもの。第二の可能性は、名簿の廃棄は実際なされたものの、それは安倍首相を助けるもので人事課長の忖度だった、あるいは、安倍首相側の廃棄要求に基づくものだったというものです。いずれにせよ、懲戒処分にすれば、処分に不服の職員が真実を暴露しかねないからでしょう。

この点は、財務省の森友学園事件でも同様です。違法行為に関与した職員は厳しく行政処分されるべきでしたが、必ずしも厳正な処分が行われているわけではなく、生ぬるい処分で終わっています。

その背景には、安倍政権による高級官僚の幹部人事管理があり、そのため、安倍政権は幹部職員を厳しく処分できなくなってもいるのです。

（5）黒川弘務検事長への〝甘すぎる「処分」〟

この点は、黒川弘務東京高検検事長の処分も同様でした。黒川氏が新型コロナウイルス禍の緊急事態宣言下の今年5月1日に産経新聞記者宅に約6時間半滞在し、朝日新聞社員も交えて翌日未明までマージャンをし、記者が用意したハイヤーで帰宅したこと、同月13日もマージャンをしたとの証言を、同月21日発売の『週刊文春』（2020年5月28日号）がスクープ報道しました（5月20日に概要の速報記事が文春オンラインに掲載）。その結果、黒川氏は21日に「訓告処分」となり辞表を提出し、東京高検検事長を辞職しました（安倍内閣は5月22日の閣議で辞職を承認）。

とはいえ、安倍内閣は、黒川氏の定年延長を決めた1月31日の閣議決定を撤回したわけではありません。この違法な決定を先例として残してはなりませんから、撤回させる運動が必要です。

また、政府の黒川「処分」が甘すぎる〝訓告〟だったことも問われるべきです。賭けマージャンで辞職した黒川氏の処分について法務省は事実関係を調査し、国家公務員法に基づく〝懲戒〟が相当と判断し、首相官邸に報告したものの、官邸が懲戒にはしないと結論付け、法務省の内規に基づく〝訓告〟となったと複数の法務・検察関係者が証言したと共同通信がスクープ記事を配信したのです（「黒川氏処分、首相官邸が実質決定　法務省は懲戒と判断、軽い訓告に」共同通信2020年5月25日10時27分）。

賭けマージャンは常習であれば言うまでもなく、常習でなくても賭博罪（刑法第186条第1項、第185条）で刑事訴追される可能性があるので、黒川氏は当然〝懲戒処分〟されるべきでした。しかし、「官邸の守護神」を厳しく処分すれば、これまでの裏の真実を口外する恐れがあるので、安倍官邸は黒川氏を厳しく処分できないのでしょう。たとえ、その恐れがないとしても、安倍官邸は私物化が体質なので、「身内」・「お友達」には、「甘すぎる処分」しかしないのでしょう。

（6）無責任体制と議院内閣制の機能不全

安倍政権の官邸主導は無責任体制でもあります。安倍首相は、例えば、任命したばかりの菅原大臣、河井克行大臣が公選法違反事件で辞任したときでも、「責任の所在」が自分にあることは認めるものの、具体的に何ら責任をとってきませんでした。また自民党総裁としても、議員本人だけの問題に矮小化し、公認した責任を一切とってきませんでした。

また、政府の違法行為につき担当大臣（森友学園事件では、麻生太郎財務大臣）がまっとうな責任をとって辞任していませんし、安倍内閣が連帯して責任をとってもいないことです。

そもそも日本国憲法は、「内閣は、行政権の行使について、国会に対し連帯して責任を負ふ」と定めています（第66条第3項）。したがって、例えば、かりに財政法違反の国有地売り払いも交渉記録の廃棄や公文書の改竄も、すべて職員が独断で行ったと仮定したとしても、職員の行為は「行政権の行使」である以上、内閣は、連帯して責任を負うべきなのです。しかし、安倍内閣はきちんとした責任を負っていません。安倍首相も安倍内閣も無責任体質なので、日本国憲法が要請している議院内閣制についても機能不全に至らしめているのです。

（7）安倍政権答弁拒否と議会制民主主義の実質否定

以上のことは、議会制民主主義の軽視、実質的な否定にもなっています。安倍首相を中心に閣僚や政府が健全な野党の追及質問に対し真っ当に答えられないため、論点をはぐらかし、あるいはまた無関係な答弁を繰り返しています。

フリージャーナリストの日下部智海氏は、国会会議録検索システムで期日を第二次安倍内閣が誕生した2012年12月26日から執筆現在の2020年6月17日に指定し、検索キーワードを『控え』に設定し検索し、安倍政権下での答弁拒否の総数を調べ、その結果を公表しています（日下部智海「『答弁拒否』で民主主義を破壊する安倍政権。7年半で計6532回。」ハーバー・ビジネス・オンライン2020年6月28日）。

それによると、首相・大臣・副大臣・大臣政務官、政府参考人（官僚）が「答弁を控える」、「お答えは差し控えさせていただく」、「回答は控えさせていただきたい」、「差し控えたい」、「控えます」などの言い回しで答弁拒否をしていたのは、6532件だったそうです。

そして、「年別にみると、2012年は0件（会期3日）、2013年は448件（会期211日）、2014年は829件（会期207日）、2015年は670件（会期245日）、2016年は712件（会期236日）、2017年は1046件（会期190日）、2018年は1312件（会期230日）、2019年は957件（会期222日）、2020年は558件（会期150日）」であり、「年を重ねるごとに答弁拒否の回数が増加し、2018年には5年前の約3倍にまで増えた」というのです。

「2017年と2018年に答弁拒否数が増加したのは、森友・加計学園問題、南スーダン・イラクPKO日報隠蔽問題という政権が吹っ飛んでもおかしくない不祥事が続き、答弁を控え時間を稼ぐことしか乗り切る方法が存在しなかったからだ。」

「人物別でみると安倍首相が614件（任期2734日）で最も多く、岸田文雄元外務・防衛大臣の

276件（任期1682日）、河野太郎防衛・元外務大臣の239件（任期1356日）、稲田朋美元防衛大臣の147件（任期612日）、麻生太郎財務大臣の145件（任期2734日）と続く。」「答弁拒否回数で安倍首相がトップである理由は、政府の最高責任者であり全ての事柄で説明が求められる点や、安倍首相が当事者である森友・加計問題や桜を見る会といった疑惑の追求を受けたからだ。」「次にどの話題に対し答弁を拒否してきたかを調査したところ、森友学園問題が450件と最も多く、原発（再稼働、再処理など）281件、TPP256件、沖縄基地移設問題246件、北朝鮮問題（核開発、弾道ミサイルなど）210件、集団的自衛権192件、加計学園問題192件、北方領土165件、桜を見る会114件、拉致問題98件がトップ10にランクインした。」

以上のような安倍政権の答弁拒否は、とりわけ安倍首相が説明責任を果たせるほどの能力を有さず無能であることに加え、安倍政権が酷い目的のために手段を択ばない政権であり、違法行為を平然と強行し、保身のために隠蔽し、主権者国民の代表機関である国会を軽視又は実質的に否定している独裁的な体質にも起因しています。

（8）臨時国会召集拒否と議会制民主主義の実質否定

このことは、安倍内閣が健全な野党の求める臨時国会を召集しなかったことにも現れています。日本国憲法第53条は、「いづれかの議院の総議員の4分の1以上の要求があれば、内閣は、その召集を決定しなければならない」と定めています。過去には自民党政権の下で臨時国会の要求に応じなかったことがあり

臨時国会召集に関する日本国憲法と自民党改憲推進本部の改憲案

日本国憲法	自民党憲法改正推進本部「日本国憲法改正草案」(2012年4月27日)
第53条 内閣は、国会の臨時会の召集を決定することができる。いづれかの議院の総議員の4分の1以上の要求があれば、内閣は、その召集を決定しなければならない。	第53条 内閣は、臨時国会の召集を決定することができる。いずれかの議院の総議員の4分の1以上の要求があったときは、要求があった日から20日以内に臨時国会が召集されなければならない。

ますが、第二次安倍政権以降2回もあります。

２０１５年10月21日、野党5党は、憲法第53条に基づき１２５人の議員の連名で衆議院議長に対して臨時国会の召集を要求しましたが、安倍内閣は臨時国会を召集しませんでした。

また、２０１７年6月22日、野党4党（衆議院は4党の計１２０人〈定数４７５〉）、参議院は4党と沖縄の風の計72人（同２４２）は、「加計学園」の獣医学部新設計画を巡る問題の真相解明が必要だとして、憲法第53条に基づき国会開会を要求しました。しかし、安倍首相は疑惑の追及を恐れて、国会召集を引き延ばしてきました。安倍内閣はやっと臨時国会を召集しましたが、召集した国会の冒頭で疑惑追及から逃亡するために衆議院を解散しました（9月28日）。これでは憲法に基づく野党の国会開会要求に応えたことにはなりません。解散権の濫用でもありますし、審議拒否の逃亡解散は議会制民主主義の否定でもあります。三重に違憲の暴挙でした。安倍内閣はこのような違憲の解散権行使を通じて２０１７年10月衆議院総選挙（議員定数４６５）に持ち込んだのです（10月22日投開票）。

安倍内閣が２０１７年に野党の臨時国会召集の要求に約3か月応じなかったことが違憲かどうか、このことが問われた訴訟で、那覇地裁（山口和宏裁判長）は、今年6月10日の判決で、野党議員らの損害賠償請求を棄却し、安倍内閣の対応に関する憲法判断も示さなかったものの、日本国憲法第53条に関し、「この規定の趣旨は、……少数派の国会議員による臨時会の召集要求を認め、内閣ではなく少数派の国会議員の主導による議会の開催を可能にするという趣旨に基づくもの」と解釈し、「内閣は憲法53条後段に基づく要求を受けた場合、臨時国会を召集すべき憲法上の義務がある」と明言し、「当該義務は単なる政治的義務にとどまるものではなく、法的義務があると解されることから、同条後段に基づく召集要求に対する内閣の臨時会の召集決定が同条に違反するものとして違憲と評価される余地はあるといえる」との判断を示しました（平成30年（ワ）第803号憲法53条違憲国家賠償請求事件）。

ところで、自民党憲法改正推進本部は、『日本国憲法改正草案』（２０１２年）の第53条案において「内閣は、臨時国会の召集を決定することができる。いずれかの議院の総議員の4分の1以上の要求があったときは、要求があった日から20日以内に臨時国会が召集されなければならない。」と規定しており（前頁参照）、この規定につき、『日本国憲法改正草案Ｑ＆Ａ』（２０１２年10月）は、「党内議論の中では、『少数会派の乱用が心配ではないか』との意見もありましたが、『臨時国会の召集要求権を少数者の権利として定めた以上、きちんと召集されるのは当然である』という意見が、大勢でした。」と解説していました。

つまり、安倍内閣は、臨時国会の召集請求権が「少数者の権利」であると理解していながら、その要求を軽視してきたのです。

また、今年の通常国会で野党は、新型コロナウイルス感染拡大の第二波に継続的に対応し、コロナ対策予算の使われ方をチェックするためにも、通常国会の会期延長を求めましたが、政府・与党は応じませんでした。これも、官邸主導政治・行政を進めている安倍政権が議会制民主主義を実質的に否定していることとの現れなのです。

第4節　維新との「政治的共犯」関係

(1)「大阪維新の会」の教育への介入

前述したように、2006年12月には、「戦後レジームからの脱却」を目指した第一次安倍晋三内閣のもとで教育基本法「改正」(改悪)が強行され、国や地方公共団体はこれを根拠に教育に介入できるようになりました。

2009年の衆議院総選挙で自民党は下野しました。そのような中、2011年5月10日、東京で教科書改善シンポジウムが開催され、シンポジウムの冒頭で、「日本の前途と歴史教育を考える議員の会」顧問の元内閣総理大臣安倍晋三、上智大学名誉教授で「道徳教育を進める有識者の会」代表世話人の渡辺昇一が挨拶し、その後、「教科書が変われば日本が変わる」と題して伊藤隆東京大学名誉教授、川上和久明治学院大学教授、自民党衆議院議員下村博文元内閣官房副長官、八木秀次日本教育再生機構理事長によるパネルディスカッションが行われました。

一方、2008年1月27日、大阪府知事選挙で橋下徹氏が当選しました。2010年4月1日には大阪府議会で府議会議員22名が会派「大阪維新の会大阪府議会議員団」を設立し、これを母体に同年4月19日、8名の府議会議員を加えて政治団体（地域政党）「大阪維新の会」を創設し、橋下徹大阪府知事はその代表に就任したのです。「大阪維新の会」は、教育への介入という点では安倍政権以上に積極的です。「大阪維新の会」は大阪府内の公立学校教職員に君が代の起立斉唱を義務付ける全国初の条例案を大阪議会に提出し、２０１１年６月３日、公明党、自民党、民主党、日本共産党が反対したものの、提案した「大阪維新の会」などによる賛成多数で可決されました。

同年９月頃に、森友学園の籠池理事長は、大阪府（橋下徹府知事）に対し借入金に関する小学校設置の基準の緩和的見直しを要望しました。橋下徹府知事が辞職し、任期満了の大阪市長選挙に立候補し、同年11月27日、大阪府知事選挙と大阪市長選挙のダブル選挙が施行され、府知事選挙には松井一郎氏が、市長選挙には橋下徹氏が、それぞれ当選しました。

（２）維新による安倍新党構想

翌２０１２年２月26日、日本教育再生機構大阪主催による「教育再生民間タウンミーティングin 大阪大阪・教育基本条例の問題提起とは！」が大阪市立こども文化センターで開催され、主催者を代表し、日本維新の会の遠藤たかし衆議院議員が開会の挨拶をし、衛藤晟一参議院議員が基調講演し、その後、安倍晋三元内閣総理大臣、松井一郎大阪府知事、八木秀次日本教育再生機構理事長の３名によるパネルディスカッションが行われた。

終了後居酒屋で打ち上げが行われ、これが安倍元首相と松井一郎府知事が「濃密な付き合いになるきっかけ」になりました。これを契機に、安倍氏と松井氏の付き合いが始まり、安倍元首相が自民党総裁選挙に出馬できないとか、出ても負けた場合は、自民党を離党する人が出てくるので、そういうメンバーと維新が組んで、新しい思想の改革政党をつくろうという具体的な話があり、その先頭を走っていたのが菅義偉氏で、ずっといろいろ相談していたと当時の「おおさか維新の会」幹事長・馬場伸幸衆議院議員は明かしました（塩田潮「『維新の党』はなぜ分裂したのか」PRESIDENT Online ２０１６年2月5日）。

（3）「森友学園」の小学校新設のために政治的共犯

同２０１２年4月1日には籠池理事長の要望が叶い、大阪府の小学校の設置基準につき、幼稚園しか設置していない学校法人でも小学校の開設に借入金を充てることを容認する内容へと設置基準が緩和されました（「森友学園　私立小設置認可基準を緩和　大阪府が要望受け」毎日新聞２０１７年2月28日6時30分）。

大阪府私学課によると、２０１３年ごろ、大阪府への小学校設置認可の申請前に、森友学園の籠池泰典理事長は、「豊中市の国有地を取得して小学校を建てたい。安倍晋三記念小学校という校名を考えている」と認可申請の方法について問い合わせをしたところ、これに対し大阪府側は政治的中立性を理由に難色を示したそうです（「『安倍晋三小学校』に府側が難色　設置認可申請前、森友学園打診」共同通信２０１７年3月1日19時51分）。

確かに、財務局職員が大阪府庁を訪ねた際の記録には府職員の発言として「安倍晋三記念小学校として本当に進捗できるのか、取り扱いに苦慮している」と明記されていました（2014年3月4日）（「『安倍晋三記念小学校』森友側が説明　財務省記録に記載」朝日新聞2018年5月24日）。

それゆえ、大阪府は、本件が安倍晋三首相案件であることを認識したことは明らかです。

また、籠池理事長は、松浦正人・防府市長に接近しています。松浦氏は、安倍首相の妻・昭恵氏、下村博文元文部科学大臣らが賛同している「志教育プロジェクト」（出口光理事長。2014年6月13日設立。社団化は2015年3月3日）の賛同者の一人であり、2014年6月2日に設立された「教育再生首長会議」の会長であり、翌2015年1月には下村博文文科大臣と対談しています（【解答乱麻　特別編】対談・下村博文文科相 × 松浦正人教育再生首長会議会長　「学校は地域再生に不可欠」「子供の志どう育てるか」産経新聞2015年1月31日11時38分）。

籠池理事長夫妻は、2014年12月末に、松浦氏を経由して中川隆弘大阪府議（大阪維新の会）と会い、森友学園の小学校に付き「認可される様にして欲しい」と依頼し、同府議は、府から課題を聞き取り、理事長に伝えており、その後、籠池理事長は、松浦氏と対談をしていました（対談が掲載された雑誌「到知」は2015年4月発売）。

（4）財務省近畿財務局と大阪府私学・大学課との交渉

第1章で紹介したように財務省近畿財務局は、本件が安倍首相夫婦ら政治家案件であることを認識していました。それゆえ、近畿財務局は大阪府に足を運んでまで大阪府と積極的に交渉を行っていたことは、大阪府の職員への聞き取り調査で明らかになっています。以下、近畿財務局と大阪府との交渉経過を中心に、森友学園が新たな地下埋蔵物を発見する直前までを紹介しましょう。

2013年9月12日、財務省近畿財務局管財部2名（三好泰介、薮根剛）が大阪府を訪問し、大阪府私学・大学課2名（坂田主査、島田）が森友学園について協議した。近畿財務局は『認可した』と文書で回答がもらえるのはいつか？」と質問し、大阪府は「審議会からの答申があった後、認可を行う。校地・校舎がないと認可はできない」と回答。

翌10月30日、大阪府私学・大学課（島田）が財務省近畿財務局管財部（三好泰介）に電話で問い合わせ。大阪府は「森友学園との話し合いの進捗状況は？」「貸付料はどの程度になるか？」と問い合わせたところ、近畿財務局は「貸付料は、土地の時価から算出されるので正確には示せない。財務局の審議会にかけるため、森友学園に学校設置についての詳細な資料の提出を依頼しているところである」旨回答。

同月31日、近畿財務局長は、大阪府知事宛てに「未利用国有地等の処分等に係る地域の整備計画等との整合性等に関する意見の照会」（近財統一1第1531―2号）を行った。

翌11月19日、財務省近畿財務局管財部2名（前西勇人、薮根剛）が大阪府を訪問し、大阪府私学・大学課1名（島田）が森友学園について協議。その際、枝廣直幹・近畿財務局長から大阪府知事に宛てた「未利用国有地等の処分等に係る地域の整備計画等との整合性等に関する意見の照会」（平成25年10月31日付近財統一1第1531―2号）を持参し、近畿財務局は「森友学園から土地取得の申込書を受理しており、本事業の実現可能性について、関係自治体に照会をする必要があり、紹介文を持参した」と説明し、大阪府は「現時点では相談を受けている段階であり、認可の可否が回答できるのは相当先になる」と回答。

翌2014年6月30日、財務省近畿財務局が豊中市に提出した「承諾書」には、貸付契約について、大阪府私学審議会と財務省国有財産近畿地方審議会の「答申を得た後で行います」と明記。

翌7月28日、財務省近畿財務局管財部1名が大阪府咲州庁舎を訪問し、大阪府私学・大学課が森友学園について協議し、府の担当課の職員が進捗状況を説明。

翌8月20日、森友学園は大阪府に対し小学校設置認可申請書の内容を事前説明する「設置計画書」を提出。10月2日、財務省近畿財務局管財部複数名が大阪府を訪問し、大阪府私学・大学課が森友学園について協議。同月31日、森友学園が大阪府へ小学校開設認可を申請。

翌12月9日、大阪府知事が大阪府私立学校審議会に「瑞穂の國記念小学院の設置」について諮問。しかし、同月18日、大阪府私立学校審議会12月定例会は、森友学園の設置認可について審議し、答申を保留し、継続審議になった。

そこで、翌2015年1月8日、財務省近畿財務局管財部2名が大阪府を訪問し、大阪府私学・大学課が森友学園について協議し、府側が「いつ（設置認可の）答申が得られるかわからない」と話すと、近畿財局は「ある程度事務局でコントロールできるのでは」などと求めた。

翌9日、近畿財務局の依頼で行われた不動産鑑定士による評価書では賃料は年間約4300万円が適当とされた。同月16日、不動産鑑定評価は約9億5600万円、賃料約4200万円（年）。

同月27日、大阪府私立学校審議会の「臨時会」が開催され、事務局は「本審議会での認可の条件は土地が所有できるということ」とした上で「（本審議会で）条件付きで認可しかるべしとなりますと、国は契約に走ると、そういう手はずになっています」と説明し、森友学園の小学校設置につき、認可適当（付帯条件付き）との結論に至った。同月30日、大阪府私立学校審議会が大阪府知事に対し「瑞穂の國記念小学院の設置」について答申（工事請負契約の締結・寄附金の受入・カリキュラム・出願状況等の報告等を条件にして認可適当）。翌2月9日、大阪府知事から近畿財務局長宛てに「未利用国有地等の処分等に係る地域の整備計画等との整合性等に関する意見（回答）」がなされた。

5月29日、森友学園が国と定期借地契約（期間内の売買予約付き）を締結。翌6月17日、第124回国有財産近畿地方審議会が開催され、森友学園の定期借地契約締結を報告。同日、大阪府私立学校審議会が開催され、森友学園の定期借地契約締結を報告しました。

（5）設置基準に違反して大阪府が森友学園小学校を認可

大阪府は、前述したように、幼稚園しか設置していない学校法人が小学校の開設に借入金を充てることを容認するよう設置基準を緩和しました。これは「森友学園」を特別待遇したものでしたが、大阪府の特別待遇はそれだけではありませんでした。

実は、「大阪府私立小学校及び中学校の設置認可等に関する審査基準」の「第1　学校の設置認可」の「7　資産等」の「(2)」の「ア」には、「当該借地の上に、校舎（倉庫等簡易な建物を除く）がないこと。」と明記されており、校舎が借地上にある学校は認可できないことになっていました。

財務省近畿財務局側は、この「大阪府の審査基準」につき、「敷地のうえ校舎部分については自己所有地の必要があるという意味なのか。そういう解釈であれば、森友学園が考えている買受けまでの間について貸付けを受けるという方法では、審査基準と適合しなくなるが、どうなのか」と質問したところ、「大阪府府民文化部私学・大学課」側は、「わかりにくい表現であるが、既に建物が建っていて権利が阻害されるような借地ではダメという趣旨であり、更地を国から借り受けるということであれば問題ない」と嘘の説明をし、近畿財務局側が「では、本件の場合は、更地を国から借り受けるという計画であるため、審査基準を満たしているという解釈で良いか」と再質問したのに対し、「大阪府府民文化部私学・大学課」側は「土地の問題で認可されないということはないと思う。」と返事し、近畿財務局側を安心させていました（財務省近畿財務局応接記録「大阪府私学・大学課との打ち合わせについて」２０１３年9月12日14時30分～15時30分）。

こうして大阪府は、自ら定めた設置基準の内容につき嘘の説明までして、かつ設置基準に違反してまで、条件付きながら森友学園の小学校設置を強引に「認可」したのです（「森友疑惑　基準満たさず「認可適当」？大阪府と国　二人三脚で推進」しんぶん赤旗２０１７年3月23日）。

大阪府の違法な「認可」が行われなければ、おそらく「森友学園」事件は起きませんでした。したがって、この違法「認可」は財務省の「森友学園」事件にとって重要な役割を果たしたことになります。「森友学園」案件は安倍政権と維新との政治的共犯事件でした。

(6) 教育への国家介入を目指す安倍改憲

その政治的共犯関係は改憲でも存在しうるのです。日本国が行う如何なる戦争にも積極的に協力する従順な国民（少なくとも反対しない国民）を育成するために自民党政権が「教育勅語」の暗唱等を全国の児童・子どもらに強要しても違憲にはならないように目論んでいるのが、安倍改憲であり、日本維新の会、大阪維新の会も、その改憲に協力して「共犯」になる可能性が高いでしょう。

自民党の2012年「日本国憲法改正草案」は、日本国憲法の全面改正を目指していました（参照、上脇博之『日本国憲法の真価と改憲論の正体』日本機関紙出版センター、2017年）が、2017年衆議院総選挙における同党の公約では、改憲を「自衛隊の明記、教育の無償化・充実強化、緊急事態対応、参議院の合区解消の4項目」に絞り、同党憲法改正推進本部はそれを条文化する作業を完了しました。

このうち「教育の無償化・充実強化」は「「高校（中等教育）以上または大学などの高等教育の無償」を意味していると受けとめられているようですが、日本国憲法の下で「高等教育の無償」を実施することは、憲法違反になるかと問えば、その答えは、NOです。法律で「高等教育の無償」を行っても、それは憲法違反にはなりません。むしろ、そもそも日本国憲法は「教育を受ける権利」を保障しているのですから、憲法適合的です。ですから、「高等教育の無償」を実現するのに、あえて明文改憲を行う必要があるわけではないのです。

それでも、自民党は明文改憲を通じて「高等教育の無償」を目指しているのでしょうか？

まず、2018年2月21日の自民党憲法改正推進本部の全体会合では、憲法第26条第1項には「経済的理由によって教育上差別されない」との文言を追加し、また、同条に第3項を新設し、教育の意義について「国民の人格の完成、幸福の追求に欠くことのできないもの」と定めた上で、国は「教育環境の整備に努めなければならない」とした加憲の条文案を提示しました（次頁の対照表を参照）。この条文案は大筋で

自民党憲法改正推進本部案（2018年2月28日） 自民党憲法改正推進本部条文イメージ（たたき台素案）（2018年3月26日）
第26条　①・②（現行のまま） 3　国は、教育が国民一人一人の人格の完成を目指し、その幸福の追求に欠くことのできないものであり、かつ、国の未来を切り拓く上で極めて重要な役割を担うものであることに鑑み、各個人の経済的理由にかかわらず教育を受ける機会を確保することを含め、教育環境の整備に努めなければならない。

了承されましたが、「高価な教育でも国に受けさせる義務が生じないか」、「差別しない理由を経済的な要因に限定しかねない」などと異論が出たため、最終的な文言調整などの対応を細田博之本部長に一任したと報じられました（「教育充実『国に努力義務』自民改憲本部　条文案２例目了承」東京新聞２０１８年2月22日朝刊）。

そして、同月28日の全体会合では、改憲の方向性は、それよりも更に後退します。憲法第26条第1項に明記する予定だった「経済的理由によって教育上差別されない」との表現について、党内から「訴訟の乱立を引き起こしかねない」と懸念する声が出たため、外すこととし、党憲法改正推進本部は、代わりに、新設する同条第3項に「各個人の経済的理由にかかわらず教育を受ける機会を確保する」と書き込むことにしたと報じられました（「自民改憲案、教育部分の表現修正＝『差別されない』、訴訟懸念で外す」時事通信２０１８年2月28日20時46分）。

要するに、自民党改憲推進本部は、改憲（加憲）を通じて「高等教育の無償を実現する」気は一切ないのです。

２０１８年3月26日の自民党憲法改正推進本部「憲法改正に関する議論の状況について」は、「教育充実」に関して、「憲法において、改正教育基本法の規定も参照しつつ、『教育の重要性』を国の理念として位置付けることとするとともに、国民が経済的理由にかかわらず教育を受ける機会を享受できるよう国が教育環境の整備に努めるべき旨を規定することで意見の一致をみた。」として「『教育充実』についての『条文のイメージ（たたき台素案）』については、次のようなものとすることで（下線部分が改正部分）、合意が得られているところである。」とまとめていました。これは自民党憲法改正推進本部案（2018年2月28日）と同じ立場を維持していることになります。

自民党の改憲の本音は、「教育への国家（自民党政権）の介入」を「合憲」にすることです。というのは、「自民党憲法改正推進本部案」（2018年2月28日）および「自民党憲法改正推進本部条文イメージ（たたき台素案）」（2018年3月26日）では、新設される第26条第3項において、「教育環境の整備に努めなければならない。」という文言の前に、「国は、教育が……国の未来を切り拓く上で極めて重要な役割を担うものであることに鑑み」という表現を盛り込んでいるからです（前頁参照）。

それゆえ、自民党憲法改正推進本部案は、教育を「国の未来を切り拓く」ものと位置づけ、「教育環境の整備」を口実に国が学校の教育内容に介入し口出しできる憲法上の根拠にしようとしているのです。憲法第23条の学問の自由、教育の自由、教育を受ける権利を実質的に否定する改悪です。「日本維新の会」「大阪維新の会」がそれに賛同する恐れは十分あるのです。

第5節　官邸主導としての安倍改憲

（1）憲法9条加憲で戦前の天皇になろうとしている安倍総理

大日本帝国憲法	自民党憲法改正推進本部条文イメージ（たたき台素案）2018年3月26日
第11条　天皇ハ陸海軍ヲ統帥ス	第9条の2 前条の規定は、わが国の平和と独立を守り、国及び国民の安全を保つために必要な自衛の措置をとることを妨げず、そのための実力組織として、法律の定めるところにより、内閣の首長たる内閣総理大臣を最高の指揮監督者とする自衛隊を保持する。 ②自衛隊の行動は、法律の定めるところにより、国会の承認その他の統制に服する。 （※第9条全体を維持したうえで、その次に追加）

自民党「日本国憲法改正草案」（2012年）
第2章　安全保障 （平和主義）第9条 日本国民は、正義と秩序を基調とする国際平和を誠実に希求し、国権の発動としての戦争を放棄し、武力による威嚇及び武力の行使は、国際紛争を解決する手段としては用いない。 2 前項の規定は、自衛権の発動を妨げるものではない。

官邸主導は、自民党憲法改正推進本部の改憲構想にも表れています。前述した「教育」への介入のための改憲構想も官邸主導の性格を有しますが、ここでは、まず、平和主義を放棄する改憲構想に注目しましょう。

自民党憲法改正推進本部「憲法改正に関する議論の状況について」（2018年3月26日）は、「自衛隊」に関して、「憲法改正により自衛隊を憲法に位置付け、『自衛隊違憲論』は解消すべきである。」として、「次のような『条文イメージ（たたき台素案）』を基本とすべきとの意見が大勢を占めた。」とまとめていました。

「自民党憲法改正推進本部条文イメージ（たたき台素案）」の「第9条の2」は、「わが国の平和と独立を守り、国及び国民の安全を保つために必要な自衛の措置をとることを妨げず」等と明記していましたが（上記）、前述の自民党憲法改正推進本部「憲法改正に関する議論の状況について」は、『自衛隊』を明記するとともに、『自衛の措置（自衛権）』について言及すべき」と記していました。

この説明によると、条文にある「自衛の措置」は「自衛権」を含意していることになります。そうなると、「第9条の2」加憲成立後、安倍政権・自民党は、その加憲により「自衛権」が明記されたと強弁することでしょう。

そこで、注目すべきなのは、憲法第9条第2項の戦力の不保持を削除し、同条項に「自衛権の発動」を明記した自民党「日本国憲法改正草案」（2012年。前頁参照）を解説していた自民党「日本国憲法改正草案Q&A」（2012年）です。次のように解説していました。

「今回、新たな9条2項として、『自衛権』の規定を追加していますが、これは、従来の政府解釈によっても認められている、主権国家の自然権（当然持っている権利）としての『自衛権』を明示的に規定したものです。この『自衛権』には、国連憲章が認めている個別的自衛権や集団的自衛権が含まれていることは、言うまでもありません。／また、現在、政府は、集団的自衛権について『保持していても行使できない』という解釈をとっていますが、『行使できない』とすることの根拠は『9条1項・2項の全体』の解釈によるものとされています。このため、その重要な一方の規定である現行2項（『戦力の不保持』等を定めた規定）を削除した上で、新2項で、改めて『前項の規定は、自衛権の発動を妨げるものではない』と規定し、自衛権の行使には、何らの制約もないように規定しました。」（Q8の答）

この解説によると、自衛権には「集団的自衛権」も含まれてしまいます。戦力の不保持を削除しておらず「自衛権」についても明示していない「憲法第9条の2」においても、「自衛権」が明記されたに等しいと強弁されてしまうと同時に、「日本国憲法改正草案Q&A」の解説が「憲法第9条の2」にも妥当するとして、「集団的自衛権」の行使も憲法上無制約に許容されていると説明されるでしょう。まさに日本国を「戦争のできる国」にするための明文改憲です。

ところで、内閣の意思決定は、いわゆる閣議で行われますので、日本国憲法が内閣総理大臣独自の権限と明記したもの以外、内閣総理大臣が単独で行えるものはありません。現行の自衛隊法は、「内閣総理大臣は、内閣を代表して自衛隊の最高の指揮監督権を有する」と定めています（第7条）が、ここでは、「内閣総理大臣は、……自衛隊の最高の指揮監督権を有する」としているものの、「内閣を代表して」とあるので、基本的には、閣議決定に基づく必要があります。自衛隊の行動は、行政権の行使に基づいているからです。

ところが、「憲法第9条の2」は、「内閣の首長たる内閣総理大臣を最高の指揮監督者とする自衛隊」と明記していますので、自衛隊についての「指揮監督権」は、「内閣」の章に明記されているわけでもないので、内閣の行政権の行使ではなく、内閣総理大臣の独自の権限とみなされる可能性があります。その場合、「自衛隊の行動は、法律の定めるところにより、国会の承認その他の統制に服する。」と定められるとはいえ、大日本帝国憲法における天皇の統帥大権（第11条）と類似したものになるおそれがあります。

この点でいえば、安倍首相は日本国を「戦争できる国」にして、自らを戦前の天皇のような存在にしようとしていることになります。

(2)「敵基地攻撃能力」保有の危険性

安倍首相は今年6月18日、通常国会の閉幕を受け、首相官邸で記者会見し、後述する陸上配備型迎撃ミサイルシステム「イージス・アショア」の導入計画停止を受け、今夏に国家安全保障会議（NSC）でミサイル攻撃を未然に防ぐため発射前に相手の基地を攻撃する「敵基地攻撃能力」の保有も検討対象とする考えを表明したのです（「敵基地攻撃能力保有を検討　安保戦略、今夏練り直し―安倍首相」時事通信2020年6月18日21時52分）。

この考えは、安倍氏が首相に再任された翌2013年から自民党も防衛省も抱いていました。

自民党「新『防衛計画の大綱』策定に係る提言（『防衛を取り戻す』）」（2013年6月4日）は、「わが国を取り巻く安全保障環境」のうちの「わが国周辺の情勢」につき「わが国周辺においても、重大な不安定要因が継続している。／北朝鮮は、権力継承後においても、引き続き弾道ミサイルや核兵器の開発に全力を挙げ、軍事・外交上の様々な挑発行為を継続するなど、地域における最大の不安定要因となっている。」との認識を示した上で、「具体的な提言」には「日米安全保障体制」における「日米の適切な役割分担の下での策源地攻撃能力の保有」も明記され、「とりわけ『ミサイルの脅威』に対する抑止力を強化する観点から、わが国独自の打撃力（策源地攻撃能力）の保持について検討を開始し、速やかに結論を得る。」と提言していました。

ここでいう「策源地攻撃能力」とは「敵基地攻撃能力」のことです（「自民、防衛大綱へ提言決定　敵基地攻撃能力の保持検討を」日経新聞2013年5月30日10時24分）。

また、防衛省（防衛力の在り方検討のための委員会「防衛力の在り方検討に関する中間報告」2013年7月26日）は、「防衛力の在り方」における「自衛隊の体制整備に当たって重視すべき方向性」における「各種事態への実効的な対応」の一つとして、「北朝鮮による弾道ミサイルの能力向上を踏まえ、我が国の弾道ミサイル対処態勢の総合的な向上による抑止・対処能力の強化について改めて検討し、弾道ミサイル攻撃への総合的な対処能力を充実させる必要がある。」と強調しました。

これについて防衛省幹部は「敵のミサイル発射基地をたたくことも含まれる」と検討対象に挙げ、「敵基地攻撃能力」の保有を検討することを示しました（「防衛大綱：敵基地攻撃能力を検討　見直し中間報告」毎日新聞2013年7月26日12時10分）。

安倍首相は、平和憲法を無視し、国際法違反の先制攻撃能力を保有することを目論んでおり、さらに、明文改憲を実現して、その能力を保有する自衛隊の指揮監督者になろうと企てているのです。

（3）緊急事態条項における官邸主導と議会制民主主義否定

天皇主権の大日本帝国憲法（1890年11月29日施行）は天皇に、帝国議会閉会中緊急の必要がある場合法律に代わる緊急勅令（第8条。ただし国会の事後承認が必要）を認めていました。一方、国民主権の日本国憲法は、貴族院を廃止し、参議院を採用し、衆議院とともに衆参各院の国会議員は主権者国民の選挙で選出されるようになりました。このように主権者国民の代表機関となった国会は、「国権の最高機関」でもあり、かつ「国の唯一の立法機関」と位置づけられました（第41条）。そして、衆議院が解散しているときに緊急の必要があれば内閣が参議院の緊急集会を求めることができると定めました（第54条第2項）。こうして日本国憲法は、政府が国会の定める法律に反する命令を発令することが禁止されるようになり、緊急事態条項は採用されませんでした。

また、日本国憲法は、基本的人権尊重主義という基本原理を採用しました。基本的人権は、いわゆる

自民党憲法改正推進本部条文イメージ（たたき台素案）2018年3月26日
第73条の2　大地震その他の異常かつ大規模な災害により、国会による法律の制定を待ついとまがないと認める特別の事情があるときは、内閣は、法律で定めるところにより、国民の生命、身体及び財産を保護するため、政令を制定することができる。 (2) 内閣は、前項の政令を制定したときは、前項の政令又法律で定めるところにより、速やかに国会の承認を求めなければならない。 （※内閣の事務を定める第73条の次に追加）
第64条の2　大地震その他の異常かつ大規模な災害により、衆議院議員の総選挙又は参議院議員の通常選挙の適正な実施が困難であると認めるときは、国会は、法律で定めるところにより、各議院の出席議員の3分の2以上の多数で、その任期の特例を定めることができる。（※国会の章の末尾に特例規定として追加）

「公共の福祉」の制約（第12条、第13条、第22条、第29条）を受けますが、国会であっても基本的人権を不当に制限する法律を制定することは許されません（第13条）し、政府が法律の定めなく人権を制限する命令（政令）を発令することも禁止されたのです。もし違憲の立法・政令があれば、裁判所がそれを違憲と判示することができます（第81条）し、違憲の法令は無効になります（第98条第1項）。

それゆえ、政府は法律の制定・改廃をする時間的余裕がない緊急事態の場合でも、基本的人権を制約する政令（緊急政令）を発令することは禁止されているのです。

自民党憲法改正推進本部「憲法改正に関する論点取りまとめ」（2017年12月20日）は、「憲法改正推進本部における議論の状況」として、阪神淡路大震災や東日本大震災などで経験した緊急事態への対応……など、わが国が直面する国内外の情勢等に鑑み、まさに今、国民に問うにふさわしいと判断されたテーマとして、……、②統治機構のあり方に関する『緊急事態』……である。」としていました。

そして、「各テーマにおける議論の状況と方向性」として、「緊急事態について」「①選挙ができない事態に備え、『国会議員の任期延長や選挙期日の特例等を憲法に規定すべき』との意見」「②諸外国の憲法に見られるように、『政府への権限集中や私権制限を含めた緊急事態条項を憲法に規定すべき』との意見」の2通りが述べられた、とまとめていました（前頁参照）。

前述の自民党憲法改正推進本部「憲法改正に関する議論の状況について」（2018年3月26日）は、「緊急事態対応」に関しては、「『国民の生命と財産の保護』の関連から」「①選挙実施が困難な場合における国会議員の任期延長等、②個別法に基づく緊急政令の制定の規定を設けることができる旨規定しておくことが、立憲主義の精神にもかなうと考えられる。」として、「『条文イメージ（たたき台素案）』として、次のようなものが考えられるのではないか」とまとめていました。

これは、緊急事態の場合の内閣の政令制定権の新設と国会議員の任期延長の特例で構成されています。

注目点は自民党「日本国憲法改正草案」（2012年）にあった「我が国に対する外部からの武力攻撃、内乱等による社会秩序の混乱」、「緊急事態」という表現はなく、「大地震その他の異常かつ大規模な災害」という表現だけになりました。では、今の安倍自民党は、大規模自然災害に対する緊急事態対応に限定して2つの緊急事態条項を新設しようとしているのでしょうか？

もしそうだとすると、加憲の憲法改正を行う必要はありません。というのは、緊急事態条項のない日本国憲法の下でも「災害対策基本法」が制定されており、大規模な自然災害への対応が可能だからです。ですから、国民のために自然災害への対応をするのは政権のやる気さえあれば可能なのです。もし、その対応が不十分だとすれば、それは日本国憲法の責任ではなく、政権の問題です。

安倍自民党の緊急事態新設の最大の狙いの第一は、大規模自然災害とその対応を口実にして、国会を無視して内閣の政令制定権を行使し、議会制民主主義と三権分立制を否定した内閣優位の政治・行政を実現して基本的人権を不当に制限すること、また、衆参の国政選挙の延期、最悪の場合、延長し続けて国政選挙を行わないことなのです。運用次第では独裁政治が可能になることを忘れてはなりません。

第二は、「日本国憲法改正草案」（2012年）にあり、「自民党憲法改正推進本部条文イメージ（たたき台素案）」（2018年3月26日）になかった「我が国に対する外部からの武力攻撃」等でも、緊急事態対応により内閣の政令制定権の行使と国会議員の任期延長を目論んでいるのです。というのは、自民党は「災害」に「武力攻撃」（戦争）を含めて理解しているからです。例えば、国民保護法（武力攻撃事態等における国民の保護のための措置に関する法律）には、「武力攻撃災害」という表現があり、それは「武力攻撃により直接又は間接に生ずる人の死亡又は負傷、火事、爆発、放射性物質の放出その他の人的又は物的災害」と定義されているからです（第2条第4項）。

つまり、自民党の国会議員の頭では、「災害」とは「武力行使」（戦争）による場合も含まれているのです。ですから、「自民党憲法改正推進本部条文イメージ（たたき台素案）」には、「我が国に対する外部からの武力攻撃」等がなくても、その加憲が成立すれば、「武力行使」（戦争）でも緊急事態対応が憲法上可能だと解釈され、そのように運用されてしまうでしょう。憲法改正の狙いの第二は、この点にあるのです。安倍自民党が憲法上も「戦争できる国家」づくりを目指しているのですから、その場合の憲法上の緊急事態対応を目指しているのは、当然と言えば当然のことなのです。

以上の緊急事態条項の加憲は、議会制民主主義を実質否定し、官邸主導に相応しい明文改憲ということになります。

第6節　違法行為を行う根本原因と保守層の安倍自民党離れ

(1) 谷川弥一議員陣営関係者も買収で起訴

２０１２年12月の衆議院総選挙で自公両党は、小選挙区効果のお陰で勝利し、第二次安倍内閣は同月26日に発足し、その後、２０１３年参議院通常選挙でも勝利し、２０１４年衆議院総選挙後には第三次安倍内閣が発足し、２０１６年参議院通常選挙でも勝利し、２０１７年衆議院選挙後には第四次安倍内閣を発足させました。その間、小渕優子経済産業大臣、松島みどり法務大臣、西川公也・農林水産大臣、甘利明経済再生担当大臣が「政治とカネ」問題で辞任または更迭されました（詳細については、上脇博之『告発！政治とカネ』かもがわ出版、２０１５年、同『追及！安倍自民党・内閣と小池都知事の「政治とカネ」疑惑』日本機関紙出版センター、２０１６年）。

そのほか、本書第3章で紹介したように、菅原大臣、河井克行大臣がそれぞれ公選法違反事件で大臣を辞任しました。大臣に限定しなければ、すでに紹介した河井案里参議院議員も加わりますが、実は、他にも発覚した事件があります。

３年前の２０１７年衆議院総選挙で、長崎３区で当選した自民党の谷川弥一議員の陣営が、投票後に法律の規定を超える報酬を車上運動員に支払ったり報酬を受け取ったりしたとして、警察は、6月18日、陣営関係者の長崎県内に住む44歳から82歳までの男女7人を公職選挙法違反の運動員買収の疑いで書類送検しました。

事件をめぐっては、書類送検された1人で当時の会計担当者が、陣営が運動員に対して法律で規定された報酬を超える額を支払うなどし、みずからも報酬の計算や領収証の作成などに関わったとして、去年警察に告発していました。関係者によりますと、調べに対して運動員らは、法律の規定を超える報酬を受け取ったことを認めているということです（「谷川弥一議員陣営関係者　買収か」NHK２０２０年6月18日18時12分）。河井事件の当初の発覚した運動員買収と基本的には同じです。6月30日、長崎地検は、谷川議員の陣営関係者2人を公職選挙法違反の罪で起訴したと発表しました（「【速報】長崎３区・谷川衆議院議員の陣営関係者を公職選挙法違反で起訴」テレビ長崎２０２０年6月30日16時38分）。

そのほか、安倍首相は公金を私物化した「桜を見る会」では背任罪を犯した疑いが濃厚ですし、また、「前夜祭」では公職選挙法違反の寄付行為の発覚を恐れて政治資金規正法違反の政治資金収支報告書への不記載罪を犯した疑いが濃厚です。しかし、納得できる説明責任を果たさないにもかかわらず首相を辞任してはいません。

（2）党員数の激減

安倍首相らが公的行事・公金の私物化など違法行為を行う根本原因は何なのでしょうか？

その第一は自民党員の激減でしょう。自民党の党員数のピークは１９９１年の約５４７万人で、

1998年以降は減少し続け、2012年末には73万人台まで落ち込んでいました。この73万人台は党費を支払っていない者を含んだ数字（以下同じ）であり、自民党本部の政治資金収支報告書によると、2012年の党費支払者数は、もっと少なく61万9245人でした。

自民党が護送船団方式の「総合病院」としての旧自民党から「聖域なき構造改革」という弱肉強食の新自由主義政策を強行する新自民党に変質して益々財界政党としての性格を強めたため、大勢の貧困層を生み出し格差社会をつくったのですから、当然、従来の自民党支持者も離れて行き、党員数が激減したのです。

そこで同党は、党勢回復を目指し2014年に「120万党員獲得運動」を開始しました。全議員に新規と継続を合わせた党員を1千人以上確保するよう指示し、未達の場合は不足党員1人につき2千円の罰金などを命じました。2017年からは氏名を公表する罰則も加えました。2018年3月5日、2017年の党員数が106万8560人で、前年に比べて2万4770人増えたと発表しました。党員数の増加は5年連続で、約7割の党所属議員が「党員1千人獲得」のノルマを達成した結果でした（自民党員数、5年連続増で106万人に　7割の議員が1千人獲得のノルマ達成」産経新聞2018年3月5日19時54分）。しかし、自民党本部の2018年分政治資金収支報告書を見ると、党費を支払っている人数は96万7324人にとどまっているのです（下記参照）。

自民党本部の党費支払い人数と党費収入

年	党員数（人）	党費収入（円）	年	党員数（人）	党費収入（円）
2012年	61万9245	6億0922万4600	2016年	86万9748	8億5485万525
2013年	80万0936	7億8797万2075	2017年	91万9885	9億0193万220
2014年	81万7287	8億0332万5150	2018年	96万7324	9億3555万473
2015年	81万2053	7億9818万0155			

とはいえ、党費支払者数は２０１２年の61万９２４５人から２０１８年の96万７３２４人へと34万８０７９人も増えています。これは、前述のノルマを課した「１２０万党員獲得運動」の成果だけではなく、「桜を見る会」に招待資格のない者を違法に招待した成果であったかもしれません。

（3）得票数の伸び悩み

第二の理由は得票数の伸び悩みです。自民党はいわゆる郵政選挙で圧勝した２００５年衆議院総選挙の比例代表選挙では２５８８・８万票を獲得しましたが、２００９年総選挙の比例代表

衆議院総選挙比例代表選挙での自公両党の得票数

総選挙年	自民党	公明党	合計
2003 年	2066.0 万票	873.3 万票	2939.3 万票
2005 年	2588.8 万票	898.8 万票	3487.6 万票
2009 年	1881.0 万票	805.4 万票	2686.4 万票
2012 年	1662.4 万票	711.6 万票	2374.0 万票
2014 年	1765.9 万票	731.4 万票	2497.3 万票
2017 年	1855.6 万票	697.8 万票	2553.4 万票

過去 3 回の参議院比例代表選挙における自公両党の得票数

通常選挙年	自民党	公明党	合計
2313 年	1846.0 万票	756.8 万票	2602.8 万票
2016 年	2011.5 万票	757.2 万票	2768.7 万票
2019 年	1771.2 万票	653.6 万票	2424.8 万票

2003 年～2017 年衆議院総選挙の比例代表選で民主党などの得票数

総選挙年	民主党	日本維新の会	希望の党	立憲民主党
2003 年	2209.6 万票	ー		
2005 年	2103.6 万票	ー		
2009 年	2984.5 万票	ー		
2012 年	962.9 万票	1226.2 万票		
2014 年	977.6 万票	838.2 万票		
2017 年		338.7 万票	967.8 万票	1108.5 万票

2014 年の「日本維新の会」の個所は「維新の党」。

選挙では1881・0万票へと減らして敗北し下野しました。２０１２年12月の衆議院総選挙で勝利し、第二次安倍政権を誕生させましたが、その総選挙における同党の比例代表選挙では１６６２・4万票へと、さらに得票数を減らしていたのです（前頁参照）。

にもかかわらず２０１２年衆議院総選挙で勝利できたのは、民主党が得票数を２９８４・5万票（２００９年）から９６２・9万票（２０１２年）へと２０２1万票余りも減らし（同前）、過剰代表させる「小選挙区効果」で自民党が勝利できたからなのです（詳細については、上脇博之『ここまできた小選挙区制の弊害　アベ「独裁」政権誕生の元凶を廃止しよう！』あけび書房・２０１8年を参照）。

衆参の国政選挙で自民党が勝利するために、安倍首相主催の「桜を見る会」を政治利用したのでしょう。以上の理由により安倍自民党は違法行為を行っているのです。１９９４年「政治改革」前の中選挙区制時代であれば、自民党の多様な派閥が同党支持のすそ野を広げ、その中で政治腐敗の諸事件が起こりましたが、「政治改革」後は新自由主義政策の強行で自民党支持を減らし、安倍自民党ではさらに右傾化し保守層が自民党離れを起こしたため、それでも国政選挙で勝利できるよう違法行為が行われたのです。自民党の金権体質も変質しているのです。

（4）自民党の政治資金はバブル状態

「政治改革」後、特に安倍自民党の場合は、公金と政治資金の両方がそこに投入されました。自民党は、過剰代表により議席数が多いため、政党交付金も過剰交付の恩恵を受け、自民党の政治資金はバブル状態で、あり余っているのです。日本全体の政治資金の収入状態と自民党本部の収入状態を、バルブ経済時代の1980年代後半と比較し、この点を明らかにしましょう。

日本全体の政治資金はバブル経済時代と比較すると減少しています。1986年から1989年までの4年間の平均の政治資金「本年の収入」（前年からの繰越額を除く）は約3052億円（そのうち総務大臣提出分は約1643億円）でしたが、2015年から2018年までの4年間の平均の政治資金「本年の収入」は約2225億円（同約1081億円）であり、827億円（同562億円）も減少しているのです（下記）。バブル経済がはじけたのですから、当然の事実でしょう。

一方、日本の最大政党であり、財界・改憲政党である自民党本部の政治資金は、バブル経済時代と比較しても減少してはおらず、むしろ若干増えているのです。同党本部の1986年から4年間の平均の政治資金「本年の収入」は約206・1億円でしたが、2015年から4

全国（総務大臣・都道府県選管各提出分）の政治資金「本年の収入額」

（バブル時代４年と直近４年）

年	本年の収入額	そのうち総務大臣提出分	年	本年の収入額	そのうち総務大臣提出分
1986 年	約 3097 億円	約 1676 億円	2015 年	約 2286 億円	約 1102 億円
1987 年	約 2785 億円	約 1442 億円	2016 年	約 2227 億円	約 1080 億円
1988 年	約 3078 億円	約 1723 億円	2017 年	約 2254 億円	約 1058 億円
1989 年	約 3250 億円	約 1733 億円	2018 年	約 2134 億円	約 1084 億円
平均	約 3052 億円	約 1643 億円	平均	約 2225 億円	約 1081 億円

出典：総務省「報道資料」に基づき上脇が作成（以下同じ）。

自民党本部（総務大臣提出分）の政治資金「本年の収入」

（バブル時代４年と直近４年）

年	本年の収入	年	本年の収入
1986 年（衆参同日選挙）	約 205.5 億円	2015 年（統一地方選挙）	約 257.5 億円
1987 年（統一地方選挙）	約 149.9 億円	2016 年（参議院通常選挙）	約 241.3 億円
1988 年	約 222.8 億円	2017 年（衆議院総選挙）	約 258.6 億円
1989 年（参議院通常選挙）	約 246.2 億円	2018 年	約 262.9 億円
平均	約 206.1 億円	平均	約 255.1 億円

年間の平均の政治資金「本年の収入」は約２５５・1億円で、約49億円も増えています（前頁）。

つまり、自民党の政治資金は、バブル経済がはじけた後の今でもバブル状態なのです。

（5）バブル状態の原因は政党交付金（税金）の受領

その原因は、自民党の自己努力の結果ではありません。国民の税金が原資の政党交付金を日本で一番受け取っているからです。

自民党本部の直近の４年間の政党交付金の平均は１７４・9億円もあり、同党本部の「本年の収入」のうち政党交付金の占める割合は直近4年平均で約６８・６％であり、「国営政党」状態なのです。ただし、会派に交付される立法事務費（所属議員一人当たり月65万円、年間７８０万円）も公金ですので、それを含めると公金への依存度はもっと高くなります。

自民党は党員数も得票数も激減し、大きく回復していない一方、政治資金は企業献金と政党交付金のお陰でバブル状態なのです。となると、モラルに欠ける自民党議員は、事実上の買収効果のある違法寄付や買収を簡単に行ってしまうのです。

自民党本部の「本年の収入」、政党交付金の占める割合

年	本年の収入	その内の政党交付金	政党交付金の占める割合
2015年（統一地方選挙）	約257.5億円	約174.4億円	約72.3%
2016年（参議院通常選挙）	約241.3億円	約174.4億円	約72.3%
2017年（衆議院総選挙）	約258.6億円	約176.0億円	約68.1%
2018年	約262.9億円	約174.9億円	約66.5%
平均	約255.1億円	約174.9億円	約68.6%

以上のように党員が激減し、得票数が回復していないからこそ、自民党議員の「政治とカネ」問題がなくならないのです。その際には、第3章で取り上げた河井買収事件で指摘したように、政党交付金（税金）を受領している自民党本部の政治資金の使途不明金を利用した買収などの違法行為が横行しているのです。

（6）もう一つの使途不明金としての内閣官房報償費（官房機密費）

実は、使途不明金には官邸の使途不明金もあります。それは内閣官房報償費であり、しばしば官房機密費と呼ばれてきました。会計検査院に対しても領収書や支払先を明らかにする必要がないからです。その中でも「政策推進費」と呼ばれるお金は、官房長官自身が管理し、官房長官に渡った時点で支出が〝完了〟したものと扱われます。そのため、「政策推進費」の使い道は官房長官や首相官邸の裁量で決まり、領収書も不要で、官房機密費の中で最も〝ヤミ金〟の性格が強い公金です。

第二次安倍内閣は２０１２年12月に発足しましたが、「しんぶん赤旗」の情報公開請求に対し開示された行政文書によると、昨年12月末までの7年間に支出された官房機密費は計86億３１００万円余であり、そのうち領収書不要の〝つかみ金〟である「政策推進費」に78億円６７３０万円が使われており（昨年の「政策推進費」支出は11億６５０万円）、官房機密費全体の91％が「政策推進費」だったことが判明したそうです。

また、２０１９年3月の年度末までに使い切れず国庫に返納した機密費は4万３２６８円にすぎず、ほとんどを使い切っており、国庫に返納した機密費は7年度分を合計しても37万円余でしかなかったそうです（「官房機密費　78億円の闇　安倍政権7年　返納たった37万円」しんぶん赤旗2020年6月6日）。

官房機密費には、常に悪いうわさがつきまといます。すでに紹介したように、例えば野中広務・元官房長官（故人）は、過去に「総理の部屋に月1000万円」を持って行ったと証言しています。今でも続いているのではないでしょうか。安倍首相の後援会が主催し首相も参加した「桜を見る会前夜祭」では、後援会は参加者の会食費の半分程を負担し、毎年何百万円もの赤字を出したとの疑いが生じます。その赤字補填に官房機密費が使われたのではないかといった疑念もわきます。

また、河井克行・案里両議員の自民党支部への党本部の交付金は計1億5000万円であり、そのうちの1億円超は当初は使途不明金になる予定の政治資金だった可能性が高いとしてきましたが、案里陣営の事実上の選挙運動は1億5000万円を超えるのではないかと噂されています。そうであれば、1億5000万円以外に官房機密費が投入されている可能性もありそうです。それが真実なら安倍首相・官邸主導選挙になります。

こうした疑惑を常に呼ぶのは、内閣官房報償費（官房機密費）の使い方に歯止めがなく使途が将来も公表されないからです。

2018年に最高裁が内閣官房報償費の使途文書の一部開示を命じました。直後、私たち原告・弁護団は菅官房長官に抜本的な見直しを要求しました。具体的には、①政治家・公務員・マスコミ・評論家に支出しないこと、②「秘匿性の程度」に応じて使途を非公開にする期間を決め、その期間が経過すれば公開すること等を要求したのです。

以上は、法律改正の必要はなく官房長官の判断で実現可能な最低限のルールでしたが、安倍首相も菅官房長官も無視したままです。普通は、最高裁で敗訴して原告らが要求すれば、国は使途や公開の在り方について一定の見直しを行うものですが、完全無視です。「桜を見る会」でも公金を私物化してきました。使途の公表されない官房機密費であればもっと私物化していることでしょう。原告らの見直し要求を無視するのは、公金の私物化が安倍政権の体質になっているからだと思えてなりません。

終章

国民置き去りの新型コロナ禍対応と支持率の低下

～政治的体質が招いた終焉～

第1節　新型コロナ禍が知らしめた〝安倍政治の本質〟

（1）安倍政権の不十分で遅すぎる補償・給付

今年は新型コロナ問題で国家も社会も多大な影響を受けました。安倍政権は、当初、新型コロナウイルスの感染拡大を防止しなければならないのに、その防止対策を講じませんでした。その結果、被害を拡大させ、犠牲者を出しました。

やっと対策に乗り出してからも、ＰＣＲ検査をなかなか増やさず犠牲者を出し続けました。また、企業には休業を要請し国民には不要・不急の外出の自粛を要請しましたので、それに見合った十分な補償・給付がなされるべきですが、なされてはいません。負債１０００万円以上の企業の経営破綻に限定しても、今年２月から７月初めの累計は全国で３０９件（倒産２４３件、弁護士一任・準備中66件）に達しています（「新型コロナ関連の経営破たん、全国で累計３０９件」東京商工リサーチ２０２０年７月３日19時５分）。

厚生労働省は７月７日、同月３日時点で新型コロナウイルス感染拡大に関する解雇や雇い止めが見込みを含めて３万２３４８人になったと発表。正社員と非正規労働者の雇用形態別に集計を始めた５月25日以降では２万４３６人のうち非正規労働者が１万１７９８人で58％を占めました（「コロナ解雇、２万２千人超に3日時点、非正規が6割」共同通信2020年7月7日17時30分)。中小・零細企業・フリーランスの方々に対する補償・給付はさらに不十分で遅すぎます。

一方、布製のマスク(アベノマスク)を1世帯2枚配布する政策は、お粗末どころか、不要で税金の無駄使いでした。

国民の多くは、アベ政治が如何に〝私たちのための政治〟ではないと痛感しました。そもそも安倍政権はアメリカや経済界の声には応えますが、庶民の切実な声や悲痛な叫びに耳を傾けませんから、庶民の経済的窮状を正確に把握しようとしません。それゆえ、庶民に寄り添った対策・政策をとらないのです。その本質的原因は、保守の枠を超えて右傾化した安倍政権の政治が立憲主義と民意を蹂躙するとともに、福祉国家を否定する財界政治、お友達を優遇する依怙《えこ》贔屓《ひいき》政治・行政という体質だからです。

(2) 持続化給付金における電通「中抜き」問題

新型コロナ禍における依怙贔屓政治・行政という点でいえば、例えば、いわゆる持続化給付金における電通「中抜き」問題も発覚しました。「持続化給付金」とは、新型コロナウイルス感染拡大の影響で収入が減った中小企業、個人事業主らに国が支給する事務事業です。この事業は、経済産業省が電通や人材派遣大手のパソナなどで構成するサービスデザイン推進協議会に769億円で委託しましたが、同協議会は委託費の97%にあたる749億円で大手広告代理店の電通に再委託し、さらに電通は電通ライブなど複数の子会社に計645・1億円で事業を外注していました。その結果、電通と子会社に残ったのは計

107・5億円。つまり電通と子会社ぐるみで委託費の「中抜き」が行われたとの疑惑が発覚したのです（「持続化給付金　電通「中抜き」の構図99・9%外注の子会社も」しんぶん赤旗2020年6月14日）。

更に発覚したことがあります。6月12日に開かれた野党合同ヒアリングで、電通が内閣官房に職員4人を出向させていること、そのうち2人は安倍晋三首相が本部長で政府の対策を決める〝本丸〟の「新型コロナウイルス感染症対策本部」で事務局員をしていること（ほか2名は「まち・ひと・しごと創生本部」1人と「内閣広報室」1人）が判明したのです（「持続化給付金事業で疑惑の渦中　電通　内閣官房に〝天上がり〟新型コロナ対策本部にも　野党合同ヒアリングで判明」しんぶん赤旗2020年6月13日）。

実は、電通は自民党の政治資金団体である一般財団法人「国民政治協会」に対し毎年計480万

電通の自民党の政治資金団体「国民政治協会」に対する寄付

支出の目的	金額	年月日	寄附者の所在地
（株）電通	2,400,000 円	2016/6/30	港区東新橋
（株）電通	2,400,000 円	2016/11/30	港区東新橋
（株）電通	2,400,000 円	2017/6/30	港区東新橋
（株）電通	2,400,000 円	2017/11/30	港区東新橋
（株）電通	2,400,000 円	2018/5/31	港区東新橋
（株）電通	2,400,000 円	2018/11/30	港区東新橋
合計	14,400,000 円		

2006 年から 2015 年までは「しんぶん赤旗」2017 年 11 月 3 日を参照。

自民党山口県第 4 選挙区支部の「政見放送作成費」の電通西日本への支払

寄付者の名称	金額	年月日	支出を受けた者の名称	支出を受けた者の所在地
政見放送作成費	151 万円	2012/12/25	（株）電通西日本	広島市中区袋町
政見放送作成費	230 万円	2014/12/25	（株）電通西日本	広島市中区袋町
政見放送作成代	220 万円	2017/11/6	（株）電通西日本	広島市中区袋町

自民党本部の宣伝広報費の支出のうちの電通への支出額

2016 年	2017 年	2018 年
2 億 5511 万 8964 円	6672 万 2400 円	6 億 1909 万 9607 円

2017 年は宣伝広報費と筆耕翻訳料。

円（ただし2011年は240万円、2012年は720万円）の寄付を行っており、2006年から2018年の13年間の政治献金合計額は計3120万円にのぼります。

そして、安倍首相の政党支部「自由民主党山口県第4選挙区支部」は、衆議院総選挙の際に電通に依頼し、「選挙関係費」の「広報費」として高額な「政見放送作成費（代）」を「（株）電通西日本」に支払ってきました。

自民党本部は、毎年、「（株）電通」（（株）電通の「中部支社」「関西支社」「西日本広島支社」「九州」を含む）に対し高額な宣伝広報費を支出しています（以上、前頁参照）。

安倍自民党や安倍総裁は政治資金の点でも電通と癒着の関係にあるのです。

（3）新型コロナ対策政府専門家会議を廃止

新型コロナウイルス対策を担当する西村康稔経済再生大臣は今年6月24日の記者会見で、新型コロナ対応の改正特別措置法が成立する前に設置され、法的な根拠はなかった専門家会議（座長＝脇田隆字・国立感染症研究所長）を廃止し、特措法に基づく新たな会議体「新型コロナウイルス感染症対策分科会（仮称）」を設置すると表明しました。感染防止と社会経済活動の両立を図る必要があると言い出して、感染症の専門家以外にも、自治体関係者や情報発信の専門家らを加えると説明しました（「政府、専門家会議を廃止新たな会議体で第2波へ備え「朝日新聞」2020年6月24日22時38分）。

政府の専門家会議が「無症状の人から感染」といった見解を示したところ、政府はそうした文言の削除を求めたそうです。そこで、政府は専門家会議の廃止を決めたようです。専門家会議の尾身茂副座長はそのことを知らなかったようで、「今、大臣がそういう発表をされたんですか？」。6月24日の会見で、記者の質問にこう困惑した表情を見せました。

クルーズ船感染の告発で話題になった神戸大学の岩田健太郎教授は、専門家会議の廃止などについて、ツイッターで「愚かな。また科学を政治化するのか」と疑問を呈し、また、別の医師が「政治家寄りのメンバーが集められるんでしょうね。経済中心の感染対策となり、また感染が拡大する」とツイートを寄せたのに反応し、「誠実に科学的な議論をするよりも『どうしたら政治家や官僚に文句を言われないか』を基準に議論がされる」と懸念を表明したそうです（尾身副座長も寝耳に水…専門家会議の後継『分科会』はどうなるのか」J-CASTニュース２０２０年6月25日20時33分）。

第2節　安倍強権政治を阻み始めた内閣不支持率の急上昇

(1) 黒川検事長定年延長・検察庁法改悪案に対する国民の抗議・反対運動

安倍政権の政治・行政における国民置き去りの体質に多くの国民が気づき始め、その影響は、第４章で取り上げた黒川検事長定年延長・検察庁法改悪案にも現れました。

日本弁護士連合会は今年４月６日に「検事長の勤務延長に関する閣議決定の撤回を求め、国家公務員法等の一部を改正する法律案に反対する会長声明」を、5月11日には「改めて検察庁法の一部改正に反対する会長声明」を、それぞれ発表しました。

検察庁法改正案に対して疑問を持った1人の女性が、「#検察庁法改正案に抗議します」というハッシュタグを作ってTwitterデモを始めたところ、そのタグが瞬く間に広がり、著名人を含む約900万件にも及ぶムーブメントに発展しました（「『#検察庁法改正案に抗議』した芸能人を叩いた者の正体は」論座2020年5月18日7時0分）。

元検察官も動きました。検察庁法改正に反対する松尾邦弘・元検事総長ら検察OBの14名は、5月15日、法務省（森雅子法務大臣宛て）に意見書を提出しました（「【意見書全文】首相は『朕は国家』のルイ14世を彷彿」朝日新聞2020年5月15日16時14分）。その意見書は黒川弘務・東京高検検事長の定年延長の閣議決定を「違法だ」と指摘し、「定年を超えての留任という異常な状態が続いている」とした上で、検察庁法改正案は「違法な決議を後追いで容認するものだ」と指摘し、閣議決定から改正案提出の一連の動きは「検察の組織を弱体化して時の政権の意のままに動く組織に改変させようとするものであり、看過できない」と厳しく批判していました。

また、東京地検特捜部長を経験するなどした元特捜検事有志38名が連名で、検察の独立性と政治的中立性が脅かされることを深く憂慮し、改正案の再考を求める意見書を5月18日法務省（森雅子法務大臣宛て）に提出しました（「元特捜部長ら『再考』求める　有志グループ、元総長に続き―検察定年延長、深く憂慮」時事通信2020年5月18日12時33分）。

朝日新聞社は同月16、17日、緊急の全国世論調査（電話）を実施したところ、検察庁法改正案に「賛成」

は15％にとどまり、「反対」が64％で、内閣支持層でも「反対」が48％、「賛成」の27％を上回ったこと、また、同法案の成立を急ぐべきかを聞くと、「急ぐべきだ」は5％しかなく、「急ぐべきではない」が80％もあり、改正案に賛成の人でも「急ぐべきだ」は18％で、「急ぐべきではない」は68％だったこと、さらに、改正案で懸念されている「検察人事への政治介入」について安倍晋三首相は国会で「あり得ない」などと答弁しているが、この首相の言葉を「信用できる」と答えた人は16％で「信用できない」は68％にのぼったこと、そして安倍内閣の支持率は33％で、4月調査の41％から下落し、不支持率は47％に上昇した（4月調査は41％）ことも報じたのです（「検察庁法改正「反対」64％内閣支持率33％　朝日調査」2020年5月17日21時19分）。

安倍首相は同月18日午後、自民党の二階俊博幹事長らと首相官邸で会談し、改正案をめぐり「国民の理解なくして前に進むことはできない」との認識で一致し、今国会での同法案成立を断念し、次の国会以降に先送りしたのです（「首相、検察庁法改正案の今国会成立を断念　世論反発受け　検察庁法改正案」朝日新聞2020年5月18日15時22分）。

また、すでに紹介したように、黒川東京高検検事長が新型コロナウイルス禍の緊急事態宣言下の5月1日に賭けマージャンをしていたことが報道された結果、黒川氏は21日に辞表を提出し、東京高検検事長を辞職しました（安倍内閣は5月22日の閣議で辞職を承認）。

国民の抗議・反対運動の成果です。

検察官の定年を政府の判断で延長できるようにする検察庁法改正案を含む国家公務員法改正案は、6月17日日の通常国会閉会で廃案となりました。政府・与党は検察庁法改正案のうち、検察官の定年を内閣や法務大臣の判断で延長できる特例を見直した上で、次の国会で再提出する方向で調整すると報じられました。やはり「特例」を盛り込んだ検察庁法改正案は黒川氏のため、ひいては安倍政権のためだったようです（「結局は黒川氏のためだった？　検察庁法改正案が廃案に」東京新聞2020年6月18日7時41分）。

安倍内閣は黒川定年延長閣議を撤回したわけでもないので、国民の抗議・反対運動は今後も続ける必要がありますが、次の国会で、前記「特例」を削除した法改正になるようであれば、国民の抗議・反対運動の大勝利です。

(2)「イージス・アショア」導入が中止に追い込まれた

政府は北朝鮮による弾道ミサイル発射が続いていた2017年12月、陸上配備型迎撃ミサイルシステム「イージス・アショア」の導入を決定し、防衛省は昨2019年5月、陸上自衛隊の新屋演習場（秋田市）とむつみ演習場（山口県萩市、阿武町）を「適地」とする報告書をまとめました。ところが、秋田県に提出した報告書に誤りが発覚するなどして新屋配備を断念し、東日本の新たな配備先を検討していました。しかし、河野太郎防衛大臣は今年6月15日、「イージス・アショア」の配備計画を停止すると表明しました。

山口配備をめぐって、地元住民らの大きな懸案になっていたのが、迎撃ミサイルを打ち上げた際に切り離す推進装置「ブースター」の落下でした。防衛省は、レーダーや発射装置と民家などの間に約700メートルの緩衝地帯を設け、迎撃ミサイルが飛ぶ経路を制御することで、ブースターを演習場内に落下させるから「安全に配備・運用できる」と説明してきましたが、河野大臣は、米側との協議の結果、確実に演習場内に落下させるためにはシステム全体の大幅な改修が必要で、相当のコストと時間を要することが判明したと明らかにし、「コストと期間に鑑みて、イージス・アショアを配備するプロセスを停止し、国家安全保障会議に防衛省として報告をして議論をいただいて、その後の対応を考えていきたいと思う」と語ったのです（「陸上イージス、計画を停止　河野防衛相『コスト鑑みて』朝日新聞2020年6月15日18時57分）。

そして、河野太郎防衛大臣は同月25日、自民党国防部会などの合同会合で、迎撃ミサイル発射後に切り離される約200キログラムのブースター（初期加速装置）を、陸上自衛隊むつみ演習場（山口県萩市など）内に確実に落下させるには、改修に2200億円以上の費用と10年以上の期間がかかる見通しであることが5月下旬に分かったと説明するとともに、防衛省の不手際を陳謝し、秋田、山口両県への「イージス・アショア」の配備計画の断念を前日（24日）の国家安全保障会議（NSC）四大臣会合で決定したことを明らかにしました。河野氏は会合後、記者団に「代替地を見つけることは困難だ」と話しました。地上イージスの国内配備自体が撤回されることになったのです（「地上イージス国内配備の撤回決定　河野防衛相『代替地見つけるのは困難』」東京新聞2020年6月25日13時57分）。

この結論は国民の反対運動の成果でした。陸上自衛隊新屋演習場の近隣16町内会でつくる新屋勝平地区振興会で、地元住民による反対活動の先頭に立ち続けてきた佐々木政志会長は、政府の配備断念を受けて「1日でも、1分でも早く『断念』という言葉を聞きたかった。肩の荷が下りた」、「配備計画が浮上してから、命を張って取り組んできた。正直言うと疲れたが、地域の判断は間違っていなかった」と語りました（「新屋住民代表『肩の荷が下りた』　イージス反対運動の先頭に」秋田魁新報2020年6月26日）。

また、2018年9月に配備計画への反対を表明した山口県阿武町の花田憲彦町長は町役場で報道陣を前に「これで一安心。町民と一緒に喜びたい」「町民や町議会も反対の声を上げ、一定の成果はあった。多くの住民が心を一つにしたのをまちづくりに生かさないといけない」と強調しましたし、また、「むつみ演習場へのイージス・アショア配備に反対する阿武町民の会」の吉岡勝会長は、「防衛省は無理やりでもやると思ったので常に不安だった。反対運動をして国に考えさせる時間を作ったのがよかったのではないか」と振り返った。萩市の住民を中心にした「イージス・アショア配備計画の撤回を求める住民の会」の森上雅昭代表も「住民の勝利だ。河野氏だけに任せず安倍晋三首相も謝罪し撤回の説明をするべきだ」と語りました（「イージス正式撤回　阿武町長『これで一安心』　反対派に安堵広がる／山口」毎日新聞2020年6月26日地方版）。

（3）日本医師会の新会長選挙に現れた政権幹部の介入とその失敗

日本医師会（日医）は自民党の有力支持団体です。第二次安倍政権発足に先立つ2012年4月、日医副会長だった横倉義武氏は当時の民主党政権と太いパイプを持った現職を破り会長に就任しました。横倉氏は特に、地元が同じ福岡県で旧知の麻生太郎副総理兼財務相とは、頻繁に電話でやりとりする仲でした。

しかし、新型コロナウイルス対応でも、感染拡大の中、政府への声高な要求を控えた横倉体制に対し、東京都医師会などは医療提供体制の逼迫を受けて、不満を募らせました。そうした中で、日医の会長選挙が行われ、会長選終盤で接戦が伝わると、有力な政権幹部が各医師会に対し横倉氏支援に回るよう「介入」したそうですが、今年6月27日、4期8年にわたりトップを務めた横倉義武氏が落選し、日医の副会長を長く務め政府の各審議会では「うるさ型」で鳴らした中川俊男氏が新会長に選出されたのです。安倍晋三首相ら政権中枢との距離の近さを誇った「長期体制」に対し、くすぶってきた不満が噴出した結果でした（「安倍政権、日医との「蜜月関係」変化か＝首相らと近い現職落選―会長選」時事通信2020年6月28日7時10分）。

(4) 結党以来初めての党大会中止

自民党の党則は、党大会について最高議決機関と位置付け、「毎年1回、総裁が招集する」と規定しています。今年の党大会については、当初は3月に約3000人が出席して開く予定でしたが、コロナ感染拡大を受けて延期し、9月開催を目指していました。しかし、自民党は7月7日の役員会で、毎年恒例の党大会を今年は中止すると決めました。1955年の結党以来、中止は初めてのこと。

中止の表向きの理由は感染症の収束が見通せないことのようですが、計1億5000万円が買収の原資にも充てられた疑いのある河井克行前法相夫妻が逮捕された公職選挙法違反事件も影響したとの見方が党内に出ているそうです。党大会の前日は全国の地方組織幹部を集めた会議を行うのが通例で、ある閣僚経験者は「開けば執行部が突き上げを食らう。大会を見送る理由として河井夫妻の問題もあったのではないか」と語ったのです（「自民党大会、結党以来初の中止　河井夫妻事件が影響か」時事通信2020年7月7日17時48分）。

第3節「政治を変える」投票で安倍自民党に国民の審判を！

(1) 安倍内閣不支持率の急上昇と野党連合政権への期待

前述の朝日新聞の世論調査の結果を含め、今年5月中旬以降6月までの安倍内閣の支持率は急降下し、不支持率が急上昇し、支持率よりも不支持率の方が高くなっています。支持率は40％以下。なかには不支持率が60％前後に上昇している調査結果もあります（次頁参照）。

安倍政権の国民置き去りの政治・行政や異常な政治的体質は、従来の保守支持者でさえも不満や批判を抱いています。政治への関心を高め、これまでの選挙で棄権したことを悔やみ、あるいはまた、「安倍政権を一刻も早く退陣させて野党連合政権の樹立を実現しよう」と心に決めた国民も多いのではないでしょうか。

安倍政権を政権の地位に就かせてきたのは、前述したように過剰代表を生み出す小選挙区効果ですが、マスコミが選挙報道を抑制し、投票率を上げてこなかったからです。民主党政権を生み出した２００９年衆議院選挙の投票率は69・3％でしたが、第二次安倍政権を生み出した２０１２年衆議院総選挙では得票を減らしたにもかかわらず自民党が勝利したのは、投票率が59・3％へと下がったからです。棄権者数でいえば、２００９年が約３１９５万人だったのが２０１２年は約４２３０人へと増え、２０１７年はさらに増えて約４９１４万人でした（次頁参照）。

マスコミの世論調査における安倍内閣支持率・不支持率
（2020 年 5 月中旬～7 月中旬）

マスコミ名	調査日	安倍内閣支持率（前回）	安倍内閣不支持率（前回）
NHK	5 月 15 日～17 日	37%（35%）	47%（38%）
朝日新聞	5 月 16 日、17 日	33%（41%）	47%（41%）
毎日新聞と社会調査研究センター	5 月 23 日	27%（40%）	64%（45%）
朝日新聞	5 月 23 日、24 日	29%	52%
共同通信	5 月 29 日～31 日	39.4%（41.7%）	45.5%（43.0%）
時事通信	5 月 21 日一斉投函 6 月 1 日回収	38.1% （3月39.3%）	61.3% （3月38.8%）
日本経済新聞とテレビ東京	6 月 5 日～7 日	38%（49%）	51%（42%）
読売新聞	6 月 5 日～7 日	40%（42%）	50%（48%）
毎日新聞と社会調査研究センター	6 月 20 日	36%	56%
共同通信	6 月 20 日～21 日	36．7%	49.7%
朝日新聞	6 月 20 日～21 日	31%	52%
NHK	6 月 19 日～21 日	36%	49%
時事通信	6 月 11 日一斉投函 6 月 22 日回収	40.3%	59.1%
読売新聞	7 月 3～5 日	39%	52%
JNN	7 月 4 日、5 日	38.2%（39.1%）	59.8%（59.2%）
時事通信	7 月 10 日～13 日	35.1%	46.2%

衆議院総選挙における有権者数、自公両党比例得票数、棄権者数

年	有権者数	投票者数	自公比例得票数	棄権者数
2009 年	1 億 0394.9 万人	7200.4 万人	2686.4 万票	3294.6 万人
2012 年	1 億 0396.0 万人	6166.3 万人	1674.5 万票	4229.7 万人
2014 年	1 億 0396.3 万人	5473.6 万人	2497.3 万票	4922.7 万人
2017 年	1 億 0609.1 万人	5694.8 万人	2553.3 万票	4914.3 万人

参議院通常選挙における有権者数、自公両党比例得票数、棄権者数

年	有権者数	投票者数	自公比例得票数	棄権者数
2007 年	1 億 0371.0 万人	6080.7 万人	2431.0 万票	4290.3 万人
2012 年	1 億 0402.9 万人	6025.1 万人	2171.1 万票	4377.8 万人
2013 年	1 億 0415.3 万人	5479.6 万人	2602.8 万票	4935.7 万人
2016 年	1 億 0620.3 万人	5808.6 万人	2768.7 万票	4811.7 万人
2019 年	1 億 0588.6 万人	5166.7 万人	2424.8 万票	5421.9 万人

参議院通常選挙の場合、棄権者数は、2007年は約4290万人でしたが、その後は増大し、昨2019年は約5422万人でした（前頁参照）。

近年の国政選挙で棄権した有権者が諦めずに〝政治を変える投票〟を行い、投票率が2009年衆議院総選挙並みに上昇するだけで、安倍政権は間違いなく終焉します。そして野党連合政権を誕生させることができるでしょう（参照、冨田宏治・上脇博之・石川康宏『いまこそ、野党連合政権を！ 真実とやさしさ、そして希望の政治を』日本機関紙出版センター、2020年）。

(2) 真相解明と法律改正の必要性

本書で取り上げた財務省の「森友学園」事件（第1章）、「桜を見る会」&「前夜祭」事件（第2章）、河井議員夫妻の買収事件（第3章）など安倍政権下で発覚した様々な事件については、「国権の最高機関」である国会（衆参各院）は、国政調査権（憲法第62条）を行使して真相を解明すべきです。

また、政治資金の支出については、その使途不明金をなくす法改正が不可欠ですし、金権体質の自民党議員の「政治とカネ」問題を根絶するために政治資金の収入改革が必要です。株主の基本的人権（思想・良心の自由）を侵害し憲法違反の企業献金は法律で全面禁止し、同様に投票者の基本的人権（政治的自己決定権等）を侵害し憲法違反の政党助成金は廃止すべきですが、一気にそれが実現できない場合でも、次善の改革が不可欠です（参照、上脇博之『告発！ 政治とカネ』かもがわ出版、2015年、同『追及！安倍自民党・内閣と小池都知事の「政治とカネ」疑惑』日本機関紙出版センター、2016年）。

いずれも、安倍政権下で実現できませんでした。安倍首相が辞任しても今の自公政権では実現できないでしょう。主権者国民は安倍政権の政治的体質そのものを終焉させる審判を下し野党連合政権を実現して、その政権の下で、憲法違反の戦争法の廃止等を行う立憲主義と民意に基づく政治を実現するとともに、以上の真相解明と法律改正を敢行するしかありません。

あとがき

本書では、第一次および第二次以降の安倍政権と安倍自民党の異常な政治的体質について、刑事告発や裁判闘争に係った私なりの視点で明らかにしました。安倍自民党政権は、この政治体質を変えず無反省のまま終焉を迎えます。

安倍政権の前から自民党政権は福祉国家を否定する新自由主義を強行してきましたが、その方針は安倍政権でも継承されてきました。その結果、新型コロナ禍において切り捨てられ衰退した福祉・医療の影響や拡大した格差の影響が露骨に表れ、庶民を苦しめています。国民の生命・健康・生活よりも大企業中心の経済優先の政権であるがゆえに、安倍政権の新型コロナの基本対策は、国による十分で迅速な補償・給付ではなく、国民の自己責任に転嫁されてしまっています。

安倍政権は従来以上に対米従属を深めてきました。「イージス・アショア」が中止に追い込まれながらも「敵地攻撃能力」の保有に向けて前のめり状態です。沖縄の辺野古新基地建設も中止しません。

安倍首相は辞任し、日本の政治社会は大きな転換期を迎えています。しかし、安倍首相が辞任してもその体質は自公政権の下では続くことでしょう。私たち主権者の声と投票でその体質そのものを終焉させる必要がありますし、それは可能です。次の衆議院総選挙が来年10月までに行われることは確実です。それを意識して本書は緊急出版しました。

本書で紹介した刑事告発・裁判提起とその成果は、安倍政権下で起きた事件・疑惑の真相解明を求める、阪口徳雄弁護士をはじめ多くの弁護士の皆様のご尽力の賜物です。本書では、各告発状や訴状などの一部を参考にしたところが多々あります。第4章で取り上げた黒川弘務東京高検検事長の定年延長閣議決定問題では、私が法務省、内閣法制局及び人事院に情報公開請求し開示を受けた文書には作成日等が明記されておらず意思形成過程が不明であり公文書管理法など法令違反である等として、開示処分等の取消しを求め、6月1日に大阪地裁に提訴しました（紙幅の関係で未紹介）。お一人お一人のお名前を明記することは叶いませんが、記して御礼申し上げます。ありがとうございました。真相解明は安倍政権が終わっても続きます。まだまだ私たちの闘いは続きますので、今後とも宜しくお願いいたします。

最後になりましたが、本書の緊急出版のお誘いをいただいた「かもがわ出版」の三井隆典さんには、心より厚く御礼申し上げます。三井さんのお世話になるのは今回が2度目になります。1度目は6年近く前に単著『告発！ 政治とカネ　政党助成金20年、腐敗の深層』でした。今回はテーマが広がり論点も多様でしたが、大きな視点でまとめることができたのは、三井さんのお誘いとご要望のお陰です。ありがとうございました。

本書が安倍政権の政治的体質を総決算し、安倍政権が生み出した体質そのものの終焉を決定づける一冊になることを願って。

2020年8月28日

上脇 博之（かみわき・ひろし）

1958年、鹿児島県霧島市生まれ。関西大学法学部卒業、神戸大学大学院法学研究科博士課程単位取得。博士（法学）、専門は憲法学。日本学術振興会特別研究員（PD、2年間）、北九州大学（現在の北九州市立大学）法学部講師・助教授・教授、神戸学院大学大学院実務法学研究科教授を経て、2015年から神戸学院大学法学部教授。

単著に『政党国家論と憲法学』（信山社）『政党助成法の憲法問題』（日本評論社）『政党国家論と国民代表論の憲法問題』（日本評論社）『日本国憲法の真価と改憲論の正体－施行70年、希望の活憲民主主義をめざして』（日本機関紙出版センター）、共著に『新どうなっている!?日本国憲法〔第2版・第3版〕』（法律文化社、播磨信義・上脇博之・木下智史・脇田吉隆・渡辺洋編著）など多数。

公益財団法人「政治資金センター」理事。

憲法運動・市民運動として、憲法改悪阻止兵庫県各界連絡会議（兵庫県憲法会議）幹事、「政治資金オンブズマン」共同代表、「国有地低額譲渡の真相解明を求める弁護士・研究者の会」会員など。

忘れない、許さない！

安倍政権の事件・疑惑総決算とその終焉

2020年9月26日　第1刷発行

著　者　© 上脇 博之
発行者　竹村正治
発行所　株式会社かもがわ出版
〒602-8119　京都市上京区堀川通出水西入
TEL075-432-2868　FAX075-432-2869
振替 01010-5-12436
ホームページ http://www.kamogawa.co.jp
印　刷　シナノ書籍印刷株式会社

ISBN978-4-7803-1114-3　C0031